CB000318

biblioteca borges

coordenação editorial
davi arrigucci jr.
heloisa jahn
jorge schwartz
maria emília bender

# discussão (1932)
## jorge luis borges

tradução josely vianna baptista

Copyright © 1996, 2005 by María Kodama
Todos os direitos reservados

título original
discusión (1932)
capa e projeto gráfico
warrakloureiro
foto página 1
ferdinando scianna
magnum photos
revisão
cecília ramos
marise leal

Dados Internacionais de Catalogação na Publicação (CIP)
(Câmara Brasileira do Livro, SP, Brasil)

Borges, Jorge Luis, 1899-1986.
Discussão (1932) / Jorge Luis Borges; tradução Josely Vianna
Baptista. — São Paulo: Companhia das Letras, 2008.

Título original: Discusión (1932)
ISBN 978-85-359-1213-5

1. Ensaios argentinos I. Título

08-02598                                           CDD-ar864

Índice para catálogo sistemático:
1. Ensaios: Literatura argentina ar864

[2008]
todos os direitos desta edição reservados à
EDITORA SCHWARCZ LTDA.
rua Bandeira Paulista 702 cj. 32
04532-002 — São Paulo — SP
telefone (11) 3707-3500
fax (11) 3707-3501
www.companhiadasletras.com.br

*Este é o mal de não dar à estampa as obras:
passamos a vida a refazê-las.*

ALFONSO REYES: *Cuestiones gongorinas*, 60.

prólogo 9

a poesia gauchesca 11
a penúltima versão da realidade 44
a supersticiosa ética do leitor 50
o outro whitman 55
uma vindicação da cabala 60
uma vindicação do falso basilides 65
a postulação da realidade 71
filmes 78
a arte narrativa e a magia 83
paul groussac 94
a duração do inferno 97
as versões homéricas 103
a perpétua corrida de aquiles e da tartaruga 111
nota sobre walt whitman 119
avatares da tartaruga 127
vindicação de *bouvard et pécuchet* 135
flaubert e seu destino exemplar 141
o escritor argentino e a tradição 147

notas  159

h.g. wells e as parábolas  159
edward kasner and james newman  161
gerald heard  163
gilbert waterhouse  166
leslie d. weatherhead  168
m. davidson  170
sobre a dublagem  172
o dr. jekyll e edward hyde, transformados  174

# prólogo

As páginas compiladas neste livro não pedem maiores esclarecimentos. "A arte narrativa e a magia", "Filmes" e "A postulação da realidade" respondem a cuidados idênticos e creio mesmo que estão de acordo. "Nossas impossibilidades" não é, como disseram alguns, um tosco exercício de invectiva; é um relato reticente e doloroso de certos aspectos não muito gloriosos de nosso ser.[1] "Uma vindicação do falso Basilides" e "Uma vindicação da Cabala" são resignados exercícios de anacronismo: não restituem o difícil passado — interagem e divagam com ele. "A duração do Inferno" revela meu incrédulo e persistente pendor pelas dificuldades teológicas. O mesmo ocorre com "A penúltima versão da realidade". "Paul Groussac" é a página mais dispensável do volume. A que tem por título "O outro Whitman" omite voluntariamente o fervor que seu tema sempre me inspirou; lamento não ter dado um pouco mais de destaque às numerosas invenções retóricas do poeta, certamente mais imitadas e mais belas que as de Mallarmé ou Swinburne. "A perpétua corrida de Aquiles e da tartaruga" não solicita outra virtude além da de sua profusão de dados. "As versões homéricas" são minhas primeiras letras — que não creio um dia ascendam a segundas — de helenista divinatório.

---

1 O artigo, que agora pareceria muito fraco, não figura nesta reedição. (Nota de 1955.)

Vida e morte faltaram à minha vida. Dessa indigência, meu laborioso amor por estas minúcias. Não sei se a desculpa da epígrafe vai me valer.

*J. L. B.*
*Buenos Aires, 1932*

# a poesia
# gauchesca

Dizem que perguntaram a Whistler quanto tempo lhe fora necessário para pintar um de seus *noturnos*, e que ele respondeu: "A vida toda". Com o mesmo rigor poderia ter dito que necessitara de todos os séculos que precederam o momento em que o pintou. Dessa correta aplicação da lei da causalidade segue-se que o menor dos fatos pressupõe o inconcebível universo e, inversamente, que o universo necessita do menor dos fatos. Pesquisar as causas de um fenômeno, mesmo de um fenômeno tão simples como a literatura gauchesca, é avançar no infinito; limito-me a mencionar as *duas* causas que considero principais.

Os que me precederam neste labor restringiram-se a uma: a vida pastoril que era típica das coxilhas e do pampa. Essa causa, sem dúvida apta à amplificação oratória e à digressão pitoresca, é insuficiente; a vida pastoril foi típica de muitas regiões da América, de Montana e Oregon até o Chile, mas esses territórios, até agora, abstiveram-se energicamente de redigir *El gaucho Martín Fierro*. Não bastam, pois, o rude pastor e o deserto. O caubói, apesar dos livros documentais de Will James e do insistente cinema, pesa menos na literatura de seu país que os camponeses do Middle West ou os homens negros do Sul... Derivar a literatura gauchesca de sua matéria, o *gaucho*, é um engano que desfigura a notória verdade. Não menos necessário para a formação desse gênero do que o pampa e as coxilhas foi o caráter urbano de Buenos Aires e Montevidéu. As guerras da Independência, a guerra do Brasil, as guerras anárquicas fizeram com que homens de cultura civil se identificassem com a gaucharia; da fortuita conjunção desses dois estilos vitais, do assombro que um causou no outro, nasceu a literatura gauchesca. Insultar (alguns o fizeram) Juan Cruz Varela ou Francisco Acuña de Figueroa por não terem exercido, ou inventado, essa literatura é uma tolice; sem as humanidades que suas odes e paráfrases representam, Martín Fierro não teria assassinado, numa taberna de fronteira, cinqüenta anos depois, o Moreno. Tão vasta e incalculável é a arte, tão secreto seu jogo. Tachar a literatura gauchesca de artificial ou de inverídica por não ser obra de *gauchos* é pedante e ridículo; no entanto, não há cultor desse gênero que algum dia não tenha sido, por sua geração ou pelas vindouras, acusado de falsidade. Assim, para Lugones, o *Aniceto* de Ascasubi "é um pobre-diabo, mescla de filosofastro e de farsista"; para Vicente Rossi, os protagonistas do *Fausto* são "dois camponeses ladinos e embusteiros"; Vizcacha, "um velho mensalista, maníaco"; Fierro, "um frade federal partidário de Oribe de barba e chiripá". Estas definições, naturalmente, são meras curiosidades da invectiva; sua frágil e remota justificativa é que todo *gaucho* da literatura (todo personagem da literatura) é, de alguma forma, o literato que o inventou. Já se repetiu que os heróis de Shakespeare são independentes de Shakespeare; para Bernard Shaw, no entanto, "*Macbeth* é a tragédia do homem de letras moderno, como assassino e cliente de bruxas"... Sobre a maior ou menor autenticidade dos *gauchos* escritos, cabe observar, talvez, que para quase todos nós o *gaucho* é um objeto ideal, prototípico. Daí, o dilema: se a figura que o autor nos propõe se ajusta com rigor a esse protótipo, nós a julgamos batida e convencional; se difere, sentimo-nos logrados e defraudados. Veremos depois que de todos os heróis dessa poesia Fierro é o mais individual, o que menos responde a uma tradição. A arte sempre opta pelo individual, pelo concreto; a arte não é platônica.

Passo, agora, ao exame sucessivo dos poetas.

O iniciador, o Adão, é Bartolomé Hidalgo, montevideano. A circunstância de em 1810 ele ter sido barbeiro, ao que parece, fascinou a crítica; Lugones, que o reprova, estampa a voz "*rapabarbas*"; Rojas, que o considera, não se resigna a prescindir de "*rapista*". Transforma-o, de uma única penada, num cantador, e descreve-o de forma ascendente, com profusão de traços minuciosos e imaginários: "vestido o chiripá sobre o calção aberto em crivos; calçadas as esporas na bota surrada do cavaleiro *gaucho*; aberta sobre o peito a camisa escura, inflada pelo vento dos pampas, a aba do chapéu erguida sobre a testa, como se estivesse sempre galopando a terra natal; a cara barbuda realçada por seu olho habituado ao campear da imensidão e da glória". Muito mais memoráveis que essas licenças da iconografia e da alfaiataria me parecem duas circunstâncias, também registradas por Rojas: o fato de que Hidalgo foi um soldado, o fato de que, antes de inventar o capataz Jacinto Chano e o gaúcho Ramón Contreras, foi pródigo — disciplina singular num cantador — em sonetos e odes hendecassílabas. Carlos Roxlo julga que as composições rurais de Hidalgo "ainda não foram superadas por nenhum dos que se distinguiram, imitando-o". Eu penso o contrário; penso que ele foi superado por muitos e que seus diálogos, agora, beiram o esquecimento. Penso também que sua paradoxal glória está nessa vasta e diversa superação filial. Hidalgo sobrevive nos outros, Hidalgo é, de algum modo, os outros. Em minha breve experiência de narrador, comprovei que saber como um personagem fala é saber quem ele é, que descobrir uma entonação, uma voz, uma sintaxe peculiar, é ter descoberto um destino. Bartolomé Hidalgo descobre a entonação do *gaucho*; isso não é pouco. Não repetirei linhas suas; inevitavelmente incorreríamos no anacronismo de condená-las, usando como cânone as de seus famosos seguidores. Lembrarei apenas que nas melodias alheias que ouviremos está a voz de Hidalgo, imortal, secreta e modesta.

Hidalgo faleceu obscuramente de uma doença pulmonar, no vilarejo de Morón, em 1823. Por volta de 1841, em Montevidéu, desandou a cantar, multiplicado em insolentes pseudônimos, o cordobês Hilario Ascasubi. O futuro não foi piedoso com ele, nem mesmo justo.

Ascasubi, em vida, foi o "Béranger do Rio da Prata"; morto, é um precursor apagado de Hernández. Ambas as definições, como vemos, traduzem-no em mero rascunho — errôneo tanto no tempo como no espaço — de outro destino humano. A primeira, a contemporânea, não lhe fez mal: aos que a apadrinharam não faltou uma noção direta de quem era Ascasubi, e uma notícia suficiente de quem era o francês; agora, os dois conhecimentos se rarefazem. A glória honesta de Béranger declinou, embora ele ainda disponha de três colunas na *Encyclopaedia Britannica*, assinadas por ninguém menos que Stevenson; e a de Ascasubi... A segunda, a de premonição ou anúncio do *Martín Fierro*, é uma insensatez: a semelhança das duas obras é acidental, nula a de seus propósitos. O motivo dessa atribuição equivocada é curioso. Esgotada a edição *princeps* de Ascasubi de 1872 e raríssima em livrarias a de 1900, a editora La Cultura Argentina quis oferecer ao público algumas de suas obras. Por motivos de extensão e seriedade escolheram o *Santos Vega*, impenetrável sucessão de treze mil versos de sempre empreendida e sempre adiada leitura. As pessoas, entediadas, afugentadas, tiveram de recorrer a esse respeitoso sinônimo da incapacidade meritória: o conceito de precursor. Imaginá-lo precursor de seu declarado discípulo, Estanislao del Campo, era evidente demais; resolveram aparentá-lo com José Hernández. O projeto sofria desse mal, que abordaremos adiante: a superioridade do precursor, nessas poucas páginas ocasionais — as descrições do amanhecer, do ataque indígena — cujo tema é o mesmo. Ninguém se demorou nesse paradoxo, ninguém passou desta comprovação evidente: a costumeira inferioridade de Ascasubi. (Escrevo com um pouco de remorso: um dos distraídos fui eu, em certa consideração inútil sobre Ascasubi.) Uma ligeira meditação, no entanto, teria demonstrado que, bem postulados os objetivos dos dois escritores, era de prever uma freqüente superioridade parcial de Aniceto. Qual era o objetivo de Hernández? Um, limitadíssimo: a história do destino de Martín Fierro, narrada pelo próprio. Não intuímos os fatos, mas o camponês Martín Fierro contando-os. Daí que a omissão, ou atenuação da cor local, seja típica de Hernández. Não especifica dia e noite, ou o pêlo dos cavalos: afetação que em nossa literatura de criadores de gado tem correlação com a mania britânica de especificar os aparelhos, os roteiros e as manobras, em sua literatura do mar, pampa dos ingleses. Não silencia a realidade, mas refere-se a ela apenas em função do caráter do herói. (Como faz, no ambiente marinheiro, Joseph Conrad.) Assim, as muitas danças que necessariamente figuram em seu relato nunca são descritas. Ascasubi, por sua vez, propõe a intuição direta da dança, do jogo descontínuo dos corpos que começam a se entender (*Paulino Lucero*, p. 204):

*Sacó luego a su aparcera*
*la Juana Rosa a bailar*
*y entraron a menudiar*
*media caña y caña entera.*
*¡Ah, china! Si la cadera*
*del cuerpo se le cortaba,*
*pues tanto lo mezquinaba*
*en cada dengue que hacía,*
*que medio se le perdía*
*cuando Lucero le entraba.**

---

* Depois tirou a parceira/ Juana Rosa pra dançar/ e largaram a cadenciar/ meia-canha e canha inteira./ Ah, morena! As cadeiras/ do seu corpo se esquivavam,/ e tanto o negaceava/ nos requebros que fazia,/ que meio que se perdia/ quando Lucero adentrava.

E esta outra décima, vistosa como baralho novo (*Aniceto el Gallo*, p. 176):

*Velay Pilar, la Porteña*
*linda de nuestra campaña,*
*bailando la media caña:*
*vean si se desempeña*
*y el garbo con que desdeña*
*los entros de ese gauchito,*
*que sin soltar el ponchito*
*con la mano en la cintura,*
*le dice en esa postura:*
*¡mi alma! yo soy* compadrito.*

É esclarecedor também o cotejo da notícia dos ataques indígenas que há no *Martín Fierro* com a imediata apresentação de Ascasubi. Hernández (*La vuelta*, canto quarto) quer destacar o horror judicioso de Fierro diante da desatinada depredação; Ascasubi (*Santos Vega*, XIII), as léguas de índios que investem:

*Pero al invadir la Indiada*
*se siente, porque a la fija*
*del campo la sabandija*
*juye delante asustada,*
*y envueltos en la manguiada*

---

* Olha Pilar, a Portenha/ linda de nossa campanha,/ dançando a meia-canha:/ vejam como desempenha/ e a graça com que desdenha/ os avanços do *gauchito*,/ que sem soltar o *ponchito*/ com sua mão na cintura,/ lhe fala nessa postura:/ minh'alma, eu sou *compadrito*!

*vienen perros cimarrones,*
*zorros, avestruces, liones,*
*gamas, liebres y venaos*
*y cruzan atribulaos*
*por entre las poblaciones.*

*Entonces los ovejeros*
*coliando bravos torean*
*y también revolotean*
*gritando los teruteros;*
*pero, eso sí, los primeros*
*que anuncian la novedá*
*con toda seguridá*
*cuando los pampas avanzan*
*son los chajases que lanzan*
*volando: ¡chajá! ¡chajá!*

*Y atrás de esas madrigueras*
*que los salvajes espantan,*
*campo ajuera se levantan*
*como nubes, polvaderas*
*preñadas todas enteras*
*de pampas desmelenaos*
*que al trote largo, apuraos,*
*sobre los potros tendidos*
*cargan pegando alaridos*
*y em media luna formaos.**

* Mas quando vem a Indiada/ dá pra sentir, pois na raia/ do campo corre a alimária/ escapando assustada,/ e cercados na malhada/ vêm os cachorros-do-mato,/ raposas, emas, leões,/ gamas, lebres e veados/ cruzando atribulados/ por entre as povoações.// E então os ovelheiros/ coleando

O cênico outra vez, outra vez o prazer da contemplação. Nessa tendência está para mim a singularidade de Ascasubi, não nas virtudes de sua ira unitária, destacada por Oyuela e por Rojas. Este (*Obras*, IX, p. 671) imagina o desgosto que seus versos bárbaros causaram, sem dúvida, em d. Juan Manuel, e lembra o assassinato, na praça sitiada de Montevidéu, de Florencio Varela. O caso é incomparável: Varela, fundador e redator de *El Comercio del Plata*, era uma pessoa internacionalmente visível; Ascasubi, cantador incessante, limitava-se a improvisar os versos caseiros do lento e vivo truco do cerco. Ascasubi, na bélica Montevidéu, cantou um ódio feliz. O *facit indignatio versum* de Juvenal não nos revela a razão de seu estilo; cortante ao extremo, mas tão desaforado e à vontade nas injúrias que mais parece uma diversão e uma festa, um gosto de provocar. É o que deixa entrever uma suficiente décima de 1849 (*Paulino Lucero*, p. 336):

> *Señor patrón, allá va*
> *esa carta ¡de mi flor!*
> *con la que al Restaurador*
> *le retruco desde acá .*
> *Si usté la lé, encontrará*

---

bravos toureiam/ e também revoluteiam/ gritando os quero-queros;/ mas, é claro, os primeiros/ que anunciam a agitação/ com inteira precisão/ quando os puelches avançam/ são os taãs, que então lançam/ voando: taã! taã!/ / E atrás das madrigueiras/ que os selvagens espantam,/ campo afora se levantam/ como nuvens, as poeiras/ grávidas todas inteiras/ de puelches descabelados/ que em trote largo, apressados,/ sobre os potros estendidos/ investem soltando gritos/ e em meia-lua formados.

*a lo último del papel*
*cosas de que nuetro aquel*
*allá también se reirá;*
*porque a decir la verdá*
*es gaucho don Juan Manuel.*\*

Mas contra esse mesmo Rosas, tão *gaucho*, mobiliza danças que parecem evoluir como exércitos. Deixemos serpear e ressoar novamente este primeiro giro de sua "*media-caña del campo, para los libres*":

*Al potro que en diez años*
*naides lo ensilló,*
*don Frutos en Cagancha*
  *se le acomodó,*
  *y en el repaso*
  *le ha pegado un rigor*
  *superiorazo.*
*Querelos mi vida — a los Orientales*
*que son domadores — sin dificultades!*
*¡Que viva Rivera! ¡que viva Lavalle!*
*Tenémelo a Rosas... que no se desmaye.*
*Media caña,*
  *a campaña,*
  *Caña entera,*
  *como quiera.*

---

\* Senhor patrão, aí está/ essa carta, uma flor/ com que ao Restaurador/ eu daqui retruco já./ Se a leres vais encontrar/ no remate do papel/ coisas que também dão léu/ para ele se alegrar;/ porque a bem da verdade/ é *gaucho* o d. Juan Manuel.

*Vamos a Entre Ríos, que allá está Badana,*
*a ver si bailamos esta Media Caña:*
*que allá está Lavalle tocando el violín,*
*y don Frutos quiere seguirla hasta el fin.*
*Los de Cagancha*
*se le afirman al diablo*
*en cualquier cancha.\**

Transcrevo, também, esta combativa felicidade (*Paulino Lucero*, p. 58):

*Vaya un cielito rabioso*
*cosa linda en ciertos casos*
*en que anda un hombre ganoso*
*de divertirse a balazos.\*\**

Coragem florida, gosto por cores límpidas e objetos precisos podem definir Ascasubi. Assim, no início do *Santos Vega:*

*El cual iba pelo a pelo*
*en un potrillo bragao,*

\* O potro que em dez anos/ ninguém não encilhou,/ d. Frutos em Cagancha/ sem mais o cavalgou,/ e durante a batida/ transmitiu-lhe um rigor/ que não tem nem medida!/ Amai, minha vida — os Orientais/ que são domadores — sem dificuldades./ Que viva Rivera! Que viva Lavalle!/ E animo a Rosas... que ele não desmaie./ Meia-canha,/ em campanha,/ canha inteira,/ como queira./ E vamos a Entre Ríos, que lá está Badana,/ pra ver se dançamos esta Meia-Canha:/ que lá está Lavalle tocando o violão,/ e d. Frutos quer dançá-la até a conclusão./ Os de Cagancha/ se afinam com o diabo/ em qualquer cancha.
\*\* Ah, que ceuzinho raivoso/ tão bonito se há ensejo/ e o homem é só desejo/ de se entreter com balaços.

21

*flete lindo como um dao*
*que apenas pisaba el suelo*
*de livianito y delgao.*\*

E esta menção a uma figura (*Aniceto el Gallo*, p. 147):

*Velay la estampa del Gallo*
*que sostiene la bandera*
*de la Patria verdadera*
*del Veinticinco de Mayo.*\*\*

Ascasubi, em *La refalosa*, apresenta o pânico normal dos homens prestes a ser degolados; mas evidentes razões de data lhe vetaram o anacronismo de praticar a única invenção literária da guerra de 1914: o patético tratamento do medo. Essa invenção — paradoxalmente preludiada por Rudyard Kipling, tratada depois com delicadeza por Sheriff e com boa insistência jornalística pelo concorrido Remarque — ficava fora de mão para os homens de mil oitocentos e cinqüenta.

Ascasubi lutou em Ituzaingó, defendeu as trincheiras de Montevidéu, lutou em Cepeda, e registrou em versos resplandecentes seus dias. Não há em suas linhas o empuxo do destino que há no *Martín Fierro*, há essa despreocupada, dura inocência dos homens de ação, hóspedes contí-

---

\* Ia o tal de pêlo a pêlo/ em um potrinho bragado,/ flete lindo como um dado,/ roçando o solo com zelo/ de tão ligeiro e delgado.

\*\* Olha a estampa do Gallo/ segurando a bandeira/ dessa Pátria verdadeira/ do Vinte e Cinco de Maio.

nuos da aventura, nunca do assombro. Há também sua boa audácia, porque seu destino era a guitarra insolente do *compadrito* e os fogões da tropa. Há ainda (virtude correlata desse vício e também popular) a felicidade prosódica: o verso fútil cuja entonação, apenas, já o faz funcionar. Dos muitos pseudônimos de Ascasubi, Aniceto el Gallo foi o mais conhecido; talvez o menos feliz, também. Estanislao del Campo, que o imitava, escolheu o de Anastasio el Pollo. Esse nome ficou vinculado a uma obra celebérrima: o *Fausto*. A origem desse afortunado exercício é conhecida; Groussac, não sem certa perfídia inevitável, assim a referiu: "Estanislao del Campo, oficial superior do governo provincial, tinha já muitos expedientes despachados sem grande alarde em versos de todo metro e jaez, quando em agosto de 66, assistindo a uma exibição do *Fausto* de Gounod no Colón, lhe ocorreu imaginar, entre os espectadores do poleiro, o *gaucho* Anastasio, que depois contava a um companheiro suas impressões, interpretando a seu modo as fantásticas cenas. Fazendo certa vista grossa ao argumento, a paródia resultava divertidíssima, e lembro que eu mesmo festejei na *Revista Argentina* o arranjo para guitarra da aplaudida partitura... Tudo concorria para o sucesso; a extraordinária voga da ópera, recém-estreada em Buenos Aires; o viés cômico do 'pato' entre o diabo e o doutor, que, assim parodiado, fazia o drama retornar, passando por alto pelo poema de Goethe, a suas origens populares e medievais; o ritornelo fácil das redondilhas, em que o trêmulo sentimental se alternava habilmente com punhados de sal grosso; por fim, naqueles anos de crioulismo triunfante, o sabor de chimarrão do diálogo gauchesco, em que o filho do pampa folgava à vontade, se não como jamais o fizera na realidade, pelo menos como o haviam composto e 'convencionado' cinqüenta anos de má literatura".

Até aqui, Groussac. Ninguém ignora que esse douto escritor pensava que o desdém fosse obrigatório ao tratar com meros sul-americanos; no caso de Estanislao del Campo (a quem, imediatamente depois, chama de "cantador de gabinete"), acrescenta a esse desdém uma impostura ou, pelo menos, uma omissão da verdade. Perfidamente o define como funcionário público; minuciosamente esquece que lutou no cerco de Buenos Aires, na batalha de Cepeda, em Pavón e na revolução de 74. Um de meus avós, unitário, que militou com ele, costumava lembrar que Del Campo vestia o uniforme de gala para entrar na batalha e que saudou, a mão direita no quepe, as primeiras balas de Pavón.

O *Fausto* foi julgado de modos muito diversos. Calixto Oyuela, nem um pouco generoso com os escritores gauchescos, qualificou-o de jóia. É um poema que, como os primitivos, podia prescindir da imprensa, por viver em muitas memórias. Singularmente, em memórias de mulheres. Isso não implica uma censura; há escritores de valor inquestionável — Marcel Proust, D. H. Lawrence, Virginia Woolf — que costumam agradar mais às mulheres do que aos homens... Os detratores do *Fausto* acusam-no de ignorância e de falsidade. Até o pêlo do cavalo do herói foi examinado e reprovado. Em 1896, Rafael Hernández — irmão de José Hernández — anota: "Esse parelheiro é de cor *oveiro rosado*, justamente a cor que um parelheiro jamais teve, e consegui-la seria tão raro como encontrar um gato de três cores"; em 1916, Lugones confirma: "Nenhum crioulo ginete e garboso, como o protagonista, monta em cavalo oveiro rosado: um animal sempre deprecia-

24

do, cujo destino é puxar o balde nas estâncias ou servir de montaria aos moços mandadeiros". Também foram condenados os últimos versos da famosa décima inicial:

*Capaz de llevar un potro*
*a sofrenarlo en la luna.**

Rafael Hernández observa que no potro não se põe freio, mas bocal, e que sofrear o cavalo "não é próprio de crioulo ginete, mas de gringo raivoso". Lugones confirma, ou transcreve: "Nenhum *gaucho* segura o cavalo, sofreando-o. Esta é uma crioulada falsa de gringo fanfarrão, que anda gineteando a égua de sua jardineira". Eu me declaro indigno de terçar nessas controvérsias rurais; sou mais ignorante que o reprovado Estanislao del Campo. Atrevo-me apenas a confessar que, embora os *gauchos* de mais firme ortodoxia menosprezem o pêlo oveiro rosado, o verso

*En un overo rosao*

continua — misteriosamente — me agradando. Também censurou-se que um rústico pudesse compreender e narrar o argumento de uma ópera. Os que fazem isso esquecem que toda arte é convencional; também o é o repente biográfico de Martín Fierro.

Passam as circunstâncias, passam os fatos, passa a erudição dos homens versados no pêlo dos cavalos; o que

---

* Capaz de levar um potro/ a sofreá-lo na lua.

não passa, o que talvez seja inesgotável, é o prazer que nos dá a contemplação da felicidade e da amizade. Esse prazer, talvez não menos raro nas letras que neste mundo corporal de nossos destinos, é a meu ver a virtude central do poema. Muitos louvaram as descrições do amanhecer, do pampa e do anoitecer que o *Fausto* apresenta; tenho para mim que a menção preliminar dos bastidores cênicos contaminou-as de falsidade. O essencial é o diálogo, a clara amizade que transparece no diálogo. O *Fausto* não pertence à realidade argentina, mas — como o tango, como o truco, como Irigoyen — à mitologia argentina.

Mais próximo de Ascasubi que de Estanislao del Campo, mais próximo de Hernández que de Ascasubi, está o autor que passo a considerar: Antonio Lussich. Que eu saiba, só circulam duas menções a sua obra, ambas insuficientes. Copio na íntegra a primeira, que bastou para incitar minha curiosidade. É de Lugones e figura na página 189 de *El payador*.

"D. Antonio Lussich, que acabava de escrever um livro elogiado por Hernández, *Los tres gauchos orientales*, pondo em cena tipos *gauchos* da revolução uruguaia chamada *campanha de Aparicio*, deu-lhe, ao que parece, o oportuno estímulo. O envio dessa obra a Hernández resultou na feliz idéia. A obra do senhor Lussich apareceu editada em Buenos Aires pela gráfica da *Tribuna* em 14 de junho de 1872. A carta com que Hernández cumprimentou Lussich, agradecendo-lhe o envio do livro, é de 20 do mesmo mês e ano. *Martín Fierro* apareceu em dezembro. Galhardos e geralmente apropriados à linguagem e peculiaridades do camponês, os versos do senhor Lussich formavam quadras, redondilhas, décimas e também aquelas sextilhas de cantador que Hernández devia adotar como as mais típicas."

O elogio é considerável, principalmente se levarmos em conta o propósito nacionalista de Lugones, que era exaltar o *Martín Fierro*, e sua reprovação incondicional de Bartolomé Hidalgo, de Ascasubi, de Estanislao del Campo, de Ricardo Gutiérrez, de Echeverría. A outra menção, incomparável em reserva e extensão, aparece na *Historia crítica de la literatura uruguaya*, de Carlos Roxlo. "A musa" de Lussich, lemos na página 242 do segundo tomo, "é excessivamente desalinhada e vive num calabouço de prosaísmos; suas descrições carecem de luminosa e pitoresca policromia".

O maior interesse da obra de Lussich é sua evidente antecipação do imediato e posterior *Martín Fierro*. A obra de Lussich profetiza, ainda que de modo esporádico, os traços diferenciais do *Martín Fierro*; é bem verdade que a convivência com este último lhes dá um relevo extraordinário que no texto original talvez não possuam.

O livro de Lussich, em princípio, é menos uma profecia do *Martín Fierro* que uma repetição dos colóquios de Ramón Contreras e Chano. Entre "*amargo y amargo*", três veteranos contam suas batalhas pela pátria. O procedimento é o habitual, mas os homens de Lussich não se prendem à notícia histórica e contam muitas passagens autobiográficas. Essas freqüentes digressões de ordem pessoal e patética, ignoradas por Hidalgo ou por Ascasubi, são as que prefiguram o *Martín Fierro*, seja na entonação, seja nos fatos, seja nas próprias palavras.

Serei generoso nas citações, pois comprovei que a obra de Lussich é, virtualmente, inédita.

E, como primeira transcrição, vai o desafio destas décimas:

*Pero me llaman matrero*
*pues le juyo la catana,*
*porque ese toque de diana*
*en mi oreja suena fiero;*
*libre soy como el pampero*
*y siempre libre viví,*
*libre fui cuando salí*
*dende el vientre de mi madre*
*sin más perro que me ladre*
*que el destino que corrí...*

*Mi envenao tiene una hoja*
*con un letrero en el lomo*
*que dice: cuando yo asomo*
*es pa que alguno se encoja.*
*Sólo esta cintura afloja*
*al disponer de mi suerte,*
*con él yo siempre fui juerte*
*y altivo como el lión;*
*no me salta el corazón*
*ni le recelo a la muerte.*

*Soy amacho tirador,*
*enlazo lindo y con gusto;*
*tiro las bolas tan justo*
*que más que acierto es primor.*
*No se encuentra otro mejor*
*pa reboliar una lanza,*
*soy mentao por mi pujanza;*

*como valor, juerte y crudo*
*el sable a mi empuje rudo*
*¡jué pucha! que hace matanza.*\*

Outros exemplos, desta vez com sua correspondência imediata ou conjectural.

Diz Lussich:

*Yo tuve ovejas y hacienda;*
*caballos, casa y manguera;*
*mi dicha era verdadera*
*¡hoy se me ha cortao la rienda!*

*Carchas, majada y querencia*
*volaron con la patriada,*
*y hasta una vieja enramada*
*¡que cayó... supe en mi ausencia!*

*La guerra se lo comió*
*y el rastro de lo que jué*

\* Mas me chamam marginal/ porque eu fujo da espada,/ pois o toque da alvorada/ na orelha me soa mal;/ sou livre como o pampeiro/ e sempre livre eu vivi,/ fui livre quando do ventre/ de minha mãe eu saí/ sem outro cão que me espante/ que o destino que segui.../ / Meu facão tem uma folha/ com um letreiro no envesso/ que diz: quando eu apareço/ é pra que a gente se encolha./ Meu cinturão só afrouxa/ ao dispor de minha sorte,/ com ele eu sempre fui forte/ e altivo como um leão;/ não me salta o coração/ nem tenho medo da morte./ / Sou robusto boleador,/ enlaço lindo e com gosto;/ eu lanço as bolas tão justo/ que mais que acerto é primor./ Não se encontra outro melhor/ pra rebolear uma lança,/ é famosa minha pujança,/ minha bravura, e forte e duro/ meu sabre com o rude impulso/ eita! se não faz matança!

*será lo que encontraré*
*cuando al pago caiga yo.*\*

Dirá Hernández:

*Tuve en mi pago en un tiempo*
*hijos, hacienda y mujer*
*⌐pero empecé a padecer,*
*me echaron a la frontera*
*¡y qué iba a hallar al volver!*
*tan sólo hallé la tapera.*\*\*

Diz Lussich:

*Me alcé con tuito el apero,*
*freno rico y de coscoja,*
*riendas nuevitas en hoja*
*y trensadas con esmero;*
*una carona de cuero*
*de vaca, muy bien curtida;*
*hasta una manta fornida*
*me truje de entre las carchas,*

---

\* Eu tive ovelhas, fazenda;/ cavalos, mangueira e herdade;/ era feliz de verdade/ mas me cortaram as rédeas!/ Rincão, malhada e querência/ voaram com a campanha,/ e até a velha choupana/ que caiu... na minha ausência!/ / Tudo me levou a guerra/ e o rastro do que se foi/ é o que encontrarei depois/ ao voltar a minha terra.

\*\* Tive no meu pago um tempo/ filhos, fazenda e consorte/ mas começou a má sorte,/ me jogaram na fronteira/ e ao voltar o que encontrei?/ somente a tapera inteira.

30

*y aunque el chapiao no es pa marchas*
*lo chanté al pingo en seguida.*

*Hice sudar al bolsillo*
*porque nunca fui tacaño:*
*traiba un gran poncho de paño*
*que me alcanzaba al tobillo*
*y un machazo cojinillo*
*pa descansar mi osamenta;*
*quise pasar la tormenta*
*guarnecido de hambre y frío*
*sin dejar del pilcherío*
*ni una argolla ferrugienta.*

*Mis espuelas macumbé,*
*mi rebenque con virolas,*
*rico facón, güenas bolas,*
*manea y bosal saqué.*
*Dentro el tirador dejé*
*diez pesos en plata blanca*
*pa allegarme a cualquier banca*
*pues al naipe tengo apego,*
*y a más presumo en el juego*
*no tener la mano manca.*

*Copas, fiador y pretal,*
*estribos y cabezadas*
*con nuestras armas bordadas,*
*de la gran Banda Oriental.*
*No he güelto a ver otro igual*
*recao tan cumpa y paquete*

*¡ahijuna! encima del flete*
*como un sol aquello era*
*¡ni recordarlo quisiera!*
*pa qué si es al santo cuete.*

*Monté un pingo barbiador*
*como una luz de ligero*
*¡pucha, si pa un entrevero*
*era cosa superior!*
*Su cuerpo daba calor*
*y el herraje que llevaba*
*como la luna brillaba*
*al salir tras de una loma.*
*Yo con orgullo y no es broma,*
*en su lomo me sentaba.**

* Me mandei com todo o apero,/ rico e de coscós o freio,/ rédeas novas pro campeio/ trançadas com todo esmero;/ uma carona de couro/ de vaca, e bem curtida;/ até uma manta fornida/ eu trouxe com os meus trens,/ e apesar de que o chapeado não fosse bom pra vaivéns,/ montei o pingo em seguida./ Virei meu bolso do avesso/ porque nunca fui tacanho:/ usava um poncho de pano/ que chegava ao tornozelo/ e um coxinilho bem concho/ pra descansar o esqueleto;/ eu quis passar a tormenta/ de fome e frio ao amparo/ sem deixar dos meus aperos/ nem argola ferrugenta.// As excelentes esporas,/ meu rebenque com virolas,/ rico facão, boas bolas,/ peia e cabresto na mão./ Deixei no meu cinturão/ dez pesos de prata branca/ pra juntar-me a qualquer banca/ pois às cartas tenho apego,/ e presumo que no jogo/ a minha mão não é manca.// Copas, correias, buçal,/ estribos e cabeçadas/ com nossas armas bordadas,/ da grande Banda Oriental./ Nunca mais vi sela igual/ tão companheira e paquete/ caramba! em cima do flete/ aquilo era como um céu./ Mas pra que me lembrar dele/ se já foi pro beleléu?// Montei um pingo de cincerro/ como uma luz de ligeiro/ eita, se prum entrevero/ era coisa superior!/ Seu corpo dava calor/ e a ferragem que levava/ como uma lua brilhava/ ao sair detrás da lomba./ Com orgulho, e não é broma,/ em seu lombo eu montava.

Dirá Hernández:

*Yo llevé un moro de número*
*¡sobresaliente el matucho!*
*con él gané en Ayacucho*
*más plata que agua bendita.*
*Siempre el gaucho necesita*
*un pingo pa fiarle un pucho.*

*Y cargué sin dar más güeltas*
*con las prendas que tenía;*
*jergas, poncho, cuanto había*
*en casa, tuito lo alcé.*
*A mi china la dejé*
*media desnuda ese día.*

*No me faltaba una guasca;*
*esa ocasión eché el resto:*
*bozal, maniador, cabresto,*
*lazo, bolas y manea.*
*¡El que hoy tan pobre me vea*
*tal vez no creerá todo esto!**

---

\* Levei um mouro de número/ sobresselente o diacho!/ ganhei com ele
em Ayacucho/ mais prata do que água benta./ O *gaucho* sempre alenta/
um pingo pra fiar-lhe um pucho./ / E avancei sem mais rodeios/ com os
trens que possuía;/ xergas, poncho, o que havia/ em minha casa apanhei./
Minha china eu deixei/ meio nua nesse dia.// Não me faltava uma guasca;/ nesse então juntei o resto:/ buçal, loro e cabresto,/ laço, bolas e ma-
neia./ Talvez do fato descreia/ quem hoje me vê modesto!

Diz Lussich:

*Y ha de sobrar monte o sierra*
*que me abrigue en su guarida,*
*que ande la fiera se anida*
*también el hombre se encierra.*\*

Dirá Hernández:

*Ansí es que al venir la noche*
*iba a buscar mi guarida.*
*Pues ande el tigre se anida*
*también el hombre lo pasa,*
*y no quería que en las casas*
*me rodiara la partida.*\*\*

Percebe-se que, em outubro ou novembro de 1872, Hernández estava *tout sonore encore* dos versos que em junho do mesmo ano o amigo Lussich lhe dedicou. Vamos perceber também a concisão do estilo de Hernández, e sua ingenuidade voluntária. Quando Fierro enumera: *Filhos, fazenda e consorte*, ou exclama, depois de mencionar uns tentos:

*¡El que hoy tan pobre me vea*
*tal vez no creerá todo esto!*\*\*\*

\* E há de sobrar monte ou serra/ que em sua guarida me acolha,/ pois onde a fera se açoita,/ também o homem se encerra.
\*\* Assim que ao cair da noite/ ia buscar minha guarida./ Pois onde o tigre se açoita/ também o homem pernoita,/ e nas casas não queria/ que me cercasse a guerrilha.
\*\*\* Talvez do fato descreia/ quem hoje me vê modesto!

sabe que os leitores urbanos não vão deixar de agradecer essas simplicidades. Lussich, mais espontâneo ou estouvado, nunca procede desse modo. Suas ansiedades literárias eram de outra ordem, e costumavam acabar em imitações das ternuras mais insidiosas do *Fausto*:

*Yo tuve un nardo una vez*
*y lo acariciaba tanto*
*que su purísimo encanto*
*duró lo menos un mes.*

*Pero ¡ay! una hora de olvido*
*secó hasta su última hoja.*
*Así también se deshoja*
*la ilusión de un bien perdido.**

Na segunda parte, que é de 1873, essas imitações se alternam com outras fac-similares do *Martín Fierro*, como se d. Antonio Lussich reclamasse o que era seu.

São desnecessárias outras confrontações. Bastam as anteriores, creio, para justificar esta conclusão: os diálogos de Lussich são um rascunho do livro definitivo de Hernández. Um rascunho descomedido, lânguido, ocasional, mas útil e profético.

Chego agora à obra máxima: o *Martín Fierro*.

Desconfio que não existe outro livro argentino que

---

* Eu tive um nardo uma vez/ e o acariciava tanto/ que seu puríssimo encanto/ perdurou por mais de um mês.// Mas, ai! uma hora de olvido/ secou até a última folha./ Assim também se desfolha/ a ilusão de um bem perdido.

tenha sabido provocar na crítica um tal dispêndio de inutilidades. Três profusões teve o erro com nosso *Martín Fierro*: uma, as admirações condescendentes; outra, os elogios grosseiros, ilimitados; outra, a digressão histórica ou filológica. A primeira é a tradicional: seu protótipo está na incompetência benévola dos pequenos artigos de jornal e das cartas de leitores que usurpam o caderno da edição popular, e seus seguidores são insignes. Depreciadores inconscientes do que elogiam, nunca deixam de celebrar no *Martín Fierro* a falta de retórica: palavra que lhes serve para nomear a retórica deficiente — como se utilizassem *arquitetura* para significar a intempérie, os desmoronamentos e as demolições. Imaginam que um livro pode não pertencer às letras: o *Martín Fierro* lhes agrada contra a arte e contra a inteligência. Todo o resultado de seu trabalho cabe nestas linhas de Rojas: "Seria o mesmo que repudiar o arrulho da pomba por não ser um madrigal, ou a canção do vento, uma ode. Assim este pitoresco poema será considerado na rusticidade de sua forma e na ingenuidade de seu fundo como uma voz elementar da natureza".

A segunda — a do elogio hiperbólico — só realizou até hoje o sacrifício inútil de seus "precursores" e um nivelamento forçado com o *Cantar del Cid* e com a *Comédia* dantesca. Ao falar do coronel Ascasubi, discuti a primeira dessas atividades; da segunda, limito-me a referir que seu perseverante método é o de pesquisar versos de pé-quebrado ou ingratos nas epopéias antigas — como se as afinidades no erro fossem probatórias. Além disso, toda essa laboriosa manobra deriva de uma su-

36

perstição: pressupor que determinados gêneros literários (neste caso particular, a epopéia) valem formalmente mais do que outros. A extravagante e inocente necessidade de que o *Martín Fierro* seja épico pretendeu reduzir, ainda que de modo simbólico, a história secular da pátria, com suas gerações, seus desterros, suas agonias, suas batalhas de Tucumán e de Ituzaingó, às andanças de um homem da faca de 1870. Oyuela (*Antología poética hispanoamericana*, tomo terceiro, notas) já desbaratou esse complô. "O assunto do *Martín Fierro*", assinala, "não é propriamente nacional, muito menos de raça, nem se relaciona de modo algum com nossas origens como povo, nem como nação politicamente constituída. Trata-se nele das dolorosas vicissitudes da vida de um *gaucho, no último terço do século anterior,* na época da decadência e próximo desaparecimento desse nosso tipo local e transitório, diante de uma organização social que o aniquila, contadas ou cantadas pelo próprio protagonista."

A terceira distrai com melhores tentações. Afirma com erro sutil, por exemplo, que o *Martín Fierro* é uma apresentação do pampa. O fato é que para os homens da cidade o campo só pode ser apresentado como um descobrimento gradual, como uma série de experiências possíveis. É o procedimento dos romances de aprendizado pampiano, *The Purple Land* (1885), de Hudson, e *Don Segundo Sombra* (1926), de Güiraldes, cujos protagonistas vão pouco a pouco se identificando com o campo. Não é o procedimento de Hernández, que pressupõe deliberadamente o pampa e os hábitos diários do pampa, sem nunca detalhá-los — omissão verossímil num *gaucho* que fala para outros *gauchos*. Alguém poderá opor-me estes versos, e os que os precedem:

> *Yo he conocido esta tierra*
> *en que el paisano vivía*
> *y su ranchito tenía*
> *y sus hijos y mujer.*
> *Era una delicia el ver*
> *cómo pasaba sus días.* \*

O tema, em minha opinião, não é a miserável idade de ouro que poderíamos entrever; é a destituição do narrador, sua nostalgia presente. Rojas só deixa lugar no futuro para o estudo filológico do poema — vale dizer, para uma discussão melancólica sobre a palavra *cantra* ou *contramilla*, mais adequada à infinita duração do Inferno que ao tempo relativamente curto de nossa vida. Nesse particular, como em todos os outros, uma deliberada subordinação da cor local é típica de *Martín Fierro*. Comparado ao dos "precursores", seu léxico parece evitar os traços diferenciais da linguagem do campo, e solicitar o *sermo plebeius* comum. Lembrome de que quando menino surpreendeu-me sua simplicidade, e que me pareceu mais de *compadre* crioulo do que de camponês. O *Fausto* era minha norma de fala rural. Agora — com algum conhecimento do campo — o predomínio do soberbo homem da faca de taberna sobre

---

\* Eu conheci aquela terra/ em que o campônio vivia/ e um ranchinho possuía,/ e seus filhos e mulher./ Era uma delícia ver/ como passava seus dias.

o camponês reservado e solícito me parece evidente, não tanto pelo léxico empregado como pelas repetidas bravatas e o tom agressivo. Outro recurso para descurar o poema é oferecido pelos provérbios. Essas lástimas — como as qualifica definitivamente Lugones — foram consideradas, mais de uma vez, parte substantiva do livro. Inferir a ética do *Martín Fierro* não dos destinos que apresenta, mas dos mecânicos chocarreiros hereditários que estorvam seu decurso, ou das moralidades forâneas que aparecem no epílogo, é uma distração que só o respeito à tradição pode ter recomendado. Prefiro ver nessas prédicas meras verossimilhanças ou marcas do estilo direto. Acreditar em seu valor nominal é obrigar-se infinitamente à contradição. Assim, no canto sétimo de "La ida" encontramos esta copla que define plenamente o camponês:

*Limpié el facón en los pastos,*
*desaté mi redomón,*
*monté despacio, y salí*
*al tranco pa el cañadon.** 

Não preciso restaurar a cena perdurável: o homem, resignado, acaba de matar alguém. O mesmo homem que depois quer nos servir esta moralidade:

---

* *Limpei o facão no pasto,/ desatei meu redomão,/ montei devagar, e fui/ no tranco pro canhadão.*

*La sangre que se redama*
*no se olvida hasta la muerte.*
*La impresión es de tal suerte*
*que a mi pesar, no lo niego,*
*cai como gotas de juego*
*en la alma del que la vierte.*\*

A verdadeira ética do crioulo está no relato: a que presume que o sangue derramado não é muito memorável, e que aos homens ocorre matar. (O inglês conhece a locução *kill his man*, cuja versão direta é *matar seu homem*, entenda-se *matar o homem que todo homem tem que matar*.) "Quem, em minha época, não carregava uma morte", ouvi um senhor de idade queixar-se serenamente uma tarde. Também não me esquecerei do homem do arrabalde que me disse, bem sério: "Senhor Borges, posso ter estado na prisão muitas vezes, mas sempre foi por homicídio".

Assim aporto, por eliminação dos percalços tradicionais, a uma consideração direta do poema. Desde o verso decidido que o inaugura, quase todo ele está em primeira pessoa: considero esse fato capital. Fierro conta sua história a partir da plena idade viril, tempo em que o homem é, não tempo dócil em que a vida está à sua procura. Isso nos ilude um pouco: não em vão somos leitores de Dickens, inventor da infância, e preferimos a morfologia dos personagens à sua maturidade. Gostaríamos de saber como se chega a ser Martín Fierro...

---

\* O sangue que se derrama/ não se esquece até a morte./ A impressão é de tal sorte/ que pra meu pesar, não nego,/ cai como gotas de fogo/ na alma de quem o verte.

Qual a intenção de Hernández? Contar a história de Martín Fierro, e nessa história, seu caráter. Servem de prova todos os episódios do livro. O *qualquer tempo passado*, normalmente *melhor*, do canto segundo, é a verdade do sentimento do herói, não da desolada vida das estâncias no tempo de Rosas. A robusta luta com o negro, no canto sétimo, não corresponde nem à sensação de lutar nem às momentâneas luzes e sombras que a memória de um fato rende, mas ao *gaucho* Martín Fierro contando-a. (Na guitarra, como costumava cantá-la a meia voz Ricardo Güiraldes, o esporeio do acompanhamento sublinha bem sua intenção de triste coragem.) Tudo o corrobora: limito-me a destacar algumas estrofes. Começo por esta comunicação total de um destino:

*Había un gringuito cautivo*
*que siempre hablaba del barco*
*y lo ahugaron en un charco*
*por causante de la peste.*
*Tenía los ojos celestes*
*como potrillito zarco.**

Entre as muitas circunstâncias infelizes — atrocidade e inutilidade dessa morte, lembrança verossímil do barco, estranheza de que venha a se afogar no pampa quem atravessou ileso o mar —, a eficácia máxima da estrofe está nessa pós-data ou adição patética da lembrança: "tinha os olhos celestes como um potrinho zarco", tão significativa

---

* Um italianinho preso/ sempre falava de um barco/ e o afogaram num charco/ como causador da peste./ Tinha os olhos celestes/ como um potrinho zarco.

de quem imagina que uma coisa já está contada e à qual a memória restitui mais uma imagem. Também não é em vão que estas linhas assumem a primeira pessoa:

*De rodillas a su lao*
*yo lo encomendé a Jesús.*
*Faltó a mis ojos la luz,*
*tuve un terrible desmayo.*
*Caí como herido del rayo*
*cuando lo vi muerto a Cruz.**

Quando viu Cruz morto, Fierro, por um pudor do desgosto, dá por consumado o falecimento do companheiro, finge tê-lo mostrado. Essa postulação de uma realidade me parece significativa de todo o livro. Seu tema — repito — não é a impossível apresentação de todos os fatos que atravessaram a consciência de um homem, tampouco a desfigurada, mínima parte que deles a lembrança pode resgatar, mas a narração do camponês, o homem que se mostra ao contar. O projeto comporta assim uma dupla invenção: a dos episódios e a dos sentimentos do herói, estes últimos retrospectivos ou imediatos. Esse vaivém impede a elucidação de alguns detalhes: não sabemos, por exemplo, se a tentação de açoitar a mulher do negro assassinado é uma brutalidade de bêbado ou — talvez o preferíssemos — a

* De joelhos a seu lado/ encomendei-o a Jesus./ faltou aos meus olhos luz,/ tive um terrível desmaio./ Como por obra de um raio/ caí ao ver morto o Cruz.

vertigem do desespero, que essa perplexidade dos motivos torna mais real. Nesta discussão de episódios me interessa menos a imposição de uma determinada tese do que esta convicção central: a índole romanesca do *Martín Fierro*, até nos detalhes. Romance, romance de organização instintiva ou premeditada, é o *Martín Fierro*: única definição que pode transmitir pontualmente o tipo de prazer que nos dá e que condiz sem escândalo com sua época. Esta, para quem não sabe, é a do século romanesco por antonomásia: o de Dostoiévski, Zola, Butler, Flaubert, Dickens. Cito esses nomes evidentes, mas prefiro unir ao de nosso crioulo o de outro americano, na vida do qual também foram constantes o acaso e a lembrança: o íntimo, insuspeito Mark Twain de *Huckleberry Finn*.

Eu falei de um romance. Serei lembrado que as epopéias antigas representam uma prefiguração do romance. Concordo, mas comparar o livro de Hernández a essa categoria primitiva é esgotar-se inutilmente num jogo de fingir coincidências, é denunciar toda possibilidade de análise. A legislação da épica — metros heróicos, intervenção dos deuses, destacada situação política dos heróis — não é aplicável aqui. As condições romanescas, sem dúvida o são.

# a penúltima versão da realidade

Francisco Luis Bernárdez acaba de publicar uma apaixonada notícia das especulações antológicas do livro *The Manhood of Humanity* [A idade viril da humanidade], escrito pelo conde Korzybski: desconheço esse livro. Deverei ater-me, portanto, nesta apreciação geral dos produtos metafísicos desse conterrâneo, ao relato límpido de Bernárdez. Não tenho, é claro, a pretensão de substituir o bom funcionamento assertivo de sua prosa pela minha, dubitativa e conversada. Transcrevo o resumo inicial:

"A vida tem três dimensões, segundo Korzybski. Comprimento, largura e profundidade. A primeira dimensão corresponde à vida vegetal. A segunda dimensão pertence à vida animal. A terceira dimensão equivale à vida humana. A vida dos vegetais é uma vida em longitude. A vida dos animais é uma vida em latitude. A vida dos homens é uma vida em profundidade."

Creio que me é permitida, aqui, uma observação elementar; a de quão suspeita é uma sabedoria que se funda não sobre um pensamento, mas sobre uma mera comodidade classificatória, como o são as três dimensões convencionais. Escrevo *convencionais* porque — separadamente

— nenhuma das dimensões existe: sempre há volumes, nunca superfícies, linhas ou pontos. Aqui, mais generoso no palavreado, propõe-nos um esclarecimento das três ordens convencionais do orgânico, planta-animal-homem, mediante as não menos convencionais ordens do espaço: comprimento-largura-profundidade (esta última no sentido figurado de tempo). Diante da incalculável e enigmática realidade, não acredito que a mera simetria de duas de suas classificações humanas baste para elucidá-la, e que supere um atrativo vazio aritmético. Segue a citação de Bernárdez:

"A vitalidade vegetal se define pela fome de sol. A vitalidade animal, pelo apetite de espaço. Aquela é estática. Esta é dinâmica. O estilo vital das plantas, criaturas diretas, é uma pura quietude. O estilo vital dos animais, criaturas indiretas, é um livre movimento.

"A diferença substantiva entre a vida vegetal e a vida animal reside numa noção. A noção de espaço. Enquanto as plantas a ignoram, os animais a possuem. Umas, afirma Korzybski, vivem armazenando energia, e os outros, amontoando espaço. Sobre ambas as existências, estáticas e erráticas, a existência humana divulga sua originalidade superior. No que consiste esta suprema originalidade do homem? Em que, próximo do vegetal que armazena energia e do animal que acumula espaço, o homem entesoura tempo."

Essa ensaiada classificação ternária do mundo parece divergência ou empréstimo da classificação quaternária de Rudolf Steiner. Este, mais generoso quanto a uma unidade com o universo, parte da história natural, não da geometria, e vê no homem uma espécie de catálogo ou de resumo da vida não humana. Faz corresponder a mera *estadia* inerte dos minerais à do homem morto; a furtiva e silenciosa das plantas à do homem que dorme; a somente atual e esquecidiça dos animais à do homem que sonha. (A verdade, a grosseira verdade, é que despedaçamos os cadáveres eternos dos primeiros e aproveitamos a dormência das outras para devorá-las ou até para roubar-lhes alguma flor, e que rebaixamos o sonho dos últimos a pesadelo. De um cavalo ocupamos seu único minuto — minuto sem saída, minuto do tamanho de uma formiga e que não se alonga em lembranças ou esperanças —, que encerramos entre os varais de uma carroça e sob o regime crioulo ou Santa Federação do carroceiro.) O dono dessas três hierarquias é, segundo Steiner, o homem, que, além do mais, tem o *eu*: vale dizer, a memória do passado e a previsão do futuro, vale dizer, o tempo. Como vemos, a atribuição de únicos habitantes do tempo concedida aos homens, de únicos seres previsores e históricos, não é original de Korzybski. Sua implicação — também importante — de que os animais estão na pura atualidade ou eternidade e fora do tempo tampouco o é. Steiner o demonstra; Schopenhauer o postula continuamente nesse tratado, com modéstia chamado de capítulo, que está no segundo volume do *Mundo como vontade e representação*, e que versa sobre a morte. Mauthner (*Woerterbuch der Philosophie*, III, p. 436) o propõe com ironia. "Parece", escreve ele, "que os animais não têm senão obscuros pressentimentos da sucessão temporal e da duração. Em compensação, o homem, quando além do mais é um psicólogo da nova escola, pode diferenciar no tempo duas impressões que estejam separadas por até 1/500 de segundo." Gaspar

46

Martín, que exerce a metafísica em Buenos Aires, declara essa intemporalidade dos animais e também das crianças como verdade consabida. Ele escreve: "A idéia de tempo falta aos animais e é no homem de avançada cultura que aparece em primeiro lugar" (*El tiempo*, 1924). Seja de Schopenhauer ou de Mauthner ou da tradição teosófica, ou mesmo de Korzybski, a verdade é que essa visão da sucessiva e ordenadora consciência humana perante o efêmero universo é realmente grandiosa.[1]

O explanador prossegue: "O materialismo disse ao homem: Faz-te rico de espaço. E o homem se esqueceu de sua própria tarefa. Sua nobre tarefa de acumulador de tempo. Quero dizer que o homem se deu à conquista das coisas visíveis. À conquista de pessoas e territórios. Assim nasceu a falácia do progressismo. E, como brutal conseqüência, nasceu a sombra do progressismo. Nasceu o imperialismo.

"É preciso, pois, restituir à vida humana sua terceira dimensão. É necessário aprofundá-la. É mister encaminhar a humanidade a seu destino racional e válido. Que o homem volte a capitalizar séculos em vez de capitalizar léguas. Que a vida humana seja mais intensa em lugar de ser mais extensa."

Declaro não entender o que foi dito. Creio ser delusória a oposição entre os dois conceitos incontrastáveis de espaço e de tempo. Consta-me que a genealogia desse equívoco é ilustre e que entre seus ancestrais está o magistral nome de Spinoza, que deu à sua indiferente divindade — *Deus sive Natura* — os atributos de pensamento (vale dizer, de tempo sentido) e de extensão (vale dizer,

---

1 Seria preciso acrescentar o nome de Sêneca (*Epístolas a Lucílio*, 124).

de espaço). Penso que, para um bom idealismo, o espaço não passa de uma das formas que integram a densa fluência do tempo. É um dos episódios do tempo e, ao contrário do consenso natural dos metafísicos, está situado nele, e não vice-versa. Em outras palavras: a relação espacial — mais alto, esquerda, direita — é uma especificação como tantas outras, não uma continuidade.

Além do mais, acumular espaço não é o contrário de acumular tempo: é um dos modos de realizar essa operação, que nos parece única. Os ingleses, que por impulso ocasional ou genial do escrevente Clive ou de Warren Hastings conquistaram a Índia, não acumularam somente espaço, mas tempo: ou seja, experiências, experiências de noites, dias, descampados, montes, cidades, astúcias, heroísmos, traições, dores, destinos, mortes, pestes, feras, felicidades, ritos, cosmogonias, dialetos, deuses, venerações.

Volto à consideração metafísica. O espaço é um incidente no tempo e não uma forma universal de intuição, como impôs Kant. Há províncias inteiras do Ser que não o solicitam: as do olfato e da audição. Spencer, em sua punitiva análise do raciocínio dos metafísicos (*Princípios de psicologia*, parte sétima, capítulo quarto), argüiu bem essa independência e a corrobora, linhas depois, com esta redução ao absurdo: "Quem pensar que o cheiro e o som têm por forma de intuição o espaço facilmente se convencerá de seu erro apenas buscando o lado esquerdo ou direito de um som ou tentando imaginar um cheiro do avesso".

Schopenhauer, menos extravagante e mais apaixonado, já havia declarado essa verdade. "A música", escreve ele, "é uma objetividade da vontade tão imediata quanto o universo" (obra citada, volume primeiro, livro terceiro, capítulo 52). Uma postulação de que a música não precisa do mundo.

Quero complementar essas duas ilustres imaginações com uma de minha autoria, que delas deriva e as explicita. Imaginemos que todo o gênero humano só se abastecesse de realidades mediante a audição e o olfato. Imaginemos anuladas assim as percepções oculares, táteis e gustativas, e o espaço que estas definem. Imaginemos também — seqüência lógica — uma percepção mais afinada do que a que os outros sentidos registram. A humanidade — a nosso ver tão assombrada por essa catástrofe — continuaria urdindo sua história. A humanidade se esqueceria de que houve espaço.

A vida, em sua não opressiva cegueira, em sua incorporeidade, seria tão apaixonada e precisa quanto a nossa. Não quero dizer que essa humanidade hipotética (não menos plena de vontades, de ternuras, de imprevistos) entraria na casca de noz proverbial: afirmo que estaria fora e ausente de todo espaço.

1928

# a supersticiosa
# ética do leitor

A condição indigente de nossas letras, sua incapacidade de atrair produziram uma superstição do estilo, uma distraída leitura de atenções parciais. Os que sofrem dessa superstição entendem por estilo não a eficácia ou ineficácia de uma página, mas as habilidades aparentes do escritor: suas comparações, sua acústica, os episódios de sua pontuação e de sua sintaxe. São indiferentes à própria convicção ou à própria emoção: buscam *tecniquerías* (a palavra é de "Miguel de Unamuno") que lhes informarão se o escrito tem ou não o direito de agradar-lhes. Ouviram dizer que a adjetivação não deve ser trivial e vão considerar que uma página está mal escrita se não houver surpresas na junção de adjetivos com substantivos, embora sua finalidade geral esteja cumprida. Ouviram dizer que a concisão é uma virtude e consideram conciso quem se demora em dez frases breves e não quem domina uma longa. (Exemplos normativos dessa charlatanice da brevidade, desse frenesi sentencioso, podem ser encontrados na dicção do célebre estadista dinamarquês Polônio, de *Hamlet*, ou do Polônio natural, Baltasar Gracián.) Ouviram dizer que a repetição próxima de algumas sílabas é cacofônica e fingirão que na prosa isso os incomoda, embora no verso lhes proporcione um gosto especial, penso que fingido, também. Ou seja, não percebem a eficácia do mecanismo, mas a disposição de suas partes. Subordinam a emoção à ética, ou, antes, a uma etiqueta incontestável. Generalizou-se tanto essa inibição que quase não restam mais leitores, no sentido ingênuo da palavra, mas todos são críticos potenciais.

Essa superstição é tão aceita que ninguém se atreverá a admitir ausência de estilo em obras que o tocam, principalmente se forem clássicas. Não há livro bom sem seu atributo estilístico, do qual ninguém pode prescindir — a não ser o próprio autor. Vejamos o exemplo do *Quixote*. A crítica espanhola, diante da comprovada excelência desse romance, não quis pensar que seu maior (e talvez único irrecusável) valor pudesse ser o psicológico, e lhe atribui dons de estilo que a muitos parecerão misteriosos. Na verdade, basta rever alguns parágrafos do *Quixote* para sentir que Cervantes não era estilista (ao menos na presente acepção acústico-decorativa da palavra) e que lhe interessavam sobremaneira os destinos de Quixote e Sancho para que se deixasse distrair por sua própria voz. A *Agudeza y arte de ingenio* de Baltasar Gracián — tão laudatória de outras prosas narrativas, como a do *Guzmán de Alfarache* — não se digna lembrar *Dom Quixote*. Quevedo faz versos satíricos sobre sua morte e o esquece. Alguém poderá objetar que os dois exemplos são negativos; Leopoldo Lugones, em nosso tempo, emite um juízo explícito: "O estilo é a fraqueza de Cervantes, e os estragos causados por sua influência foram graves. Pobreza de cor, insegurança de estrutura, parágrafos ofegantes que nunca se resolvem, desenvolvendo-se em convólvulos intermináveis; repetições, falta de proporção, esse foi o legado dos que, não vendo senão na forma a suprema realização da obra imortal, ficaram roendo a casca cujas rugosidades escondiam a força e o sabor" (*El imperio jesuítico*, p. 59). Também nosso Groussac: "Se é para descrever as coisas como são, teremos de confessar que uma boa metade da obra tem a forma demasiadamente frouxa e desalinhada, o que é suficiente para justificar o *humilde idioma* que os rivais de Cervantes lhe imputavam. E com isto não me refiro única nem principalmente às impropriedades verbais, às intoleráveis repetições ou trocadilhos, nem aos trechos de pesada grandiloqüência que nos aborrecem, mas à contextura geralmente desmaiada dessa prosa de sobremesa" (*Crítica literaria*, p. 41). Prosa de sobremesa, prosa conversada e não declamada, é a de Cervantes, e outra não lhe faz falta. Imagino que essa minha observação deve ser justa no caso de Dostoiévski ou de Montaigne ou de Samuel Butler.

Essa fatuidade do estilo se enfatua em outra fatuidade mais patética, a da perfeição. Não há um escritor métrico, por mais casual e nulo que seja, que não tenha cinzelado (o verbo costuma figurar em sua conversa) seu soneto perfeito, monumento minúsculo que custodia sua possível imortalidade, e que as novidades e aniquilações do tempo deverão respeitar. Trata-se de um soneto sem rípios, geralmente, mas que é todo ele um rípio: ou seja, um resíduo, uma inutilidade. Essa falácia em perduração (sir Thomas Browne: *Urn Burial*) foi formulada e recomendada por Flaubert nesta sentença: "A correção (no sentido mais elevado da palavra) faz com o pensamento o que fizeram as águas do Estige com o corpo de Aquiles: tornam-no invulnerável e indestrutível" (*Correspondance*, II, p. 199). A sentença é categórica, mas não conheço nenhuma experiência que a confirme. (Dispenso as virtudes tônicas do Estige; essa reminiscência infernal não é um argumento, é uma ênfase.) A página de perfeição, a página na qual nenhuma palavra pode ser alterada sem prejuízo, é a mais precária de todas. As mudanças de linguagem apagam os sentidos laterais e os matizes; a página "perfeita" é a que é composta desses valores sutis, e a que com maior facilidade se desgasta. Inversamente, a página que tem vocação de imortalidade pode atravessar o fogo das erratas, das versões aproximativas, das leituras distraídas, das incompreensões, sem deixar a alma na prova. Não se pode mudar impunemente (é o que afirmam aqueles que trabalham no estabelecimento de seu texto) nenhuma das linhas fabricadas por Góngora; mas o *Quixote* ganha batalhas póstumas contra seus tradutores e sobrevive a toda versão descuidada. Heine, que nunca o ouviu em espanhol, pôde celebrá-lo para sempre. Mais vivo é o fantasma alemão ou escandinavo ou hindustânico do *Quixote* que os ansiosos artifícios verbais do estilista.

Eu não gostaria que a moralidade desta comprovação fosse vista como de desespero ou niilismo. Não quero fomentar negligências nem creio numa virtude mística da frase tosca e do epíteto grosseiro. Afirmo que a emissão voluntária desses dois ou três agrados menores — distrações visuais da metáfora, auditivas do ritmo e imprevistas da interjeição ou do hipérbato — costuma nos provar que a paixão do tema tratado manda no escritor, e isso é tudo. A aspereza de uma frase é tão indiferente à genuína literatura quanto sua suavidade. A economia prosódica não é menos forasteira à arte que a caligrafia ou a ortografia ou a pontuação: certeza que as origens judiciais da retórica e musicais do canto sempre nos esconderam. O equívoco preferido da literatura de hoje é a ênfase. Palavras definitivas, palavras que postulam sabedorias divinatórias ou angelicais ou resoluções de uma firmeza mais que humana — *único, nunca, sempre, todo, perfeição, acabado* — são do comércio habitual de *todo* escritor. Não pensam que dizer demais uma coisa é tão inábil quanto não dizê-la inteiramente, e que a descuidada generalização e intensificação é uma pobreza, e que assim a sente o leitor. Suas imprudências causam a depreciação do idioma. É o que acontece no francês, cuja locução *Je suis navré* costuma significar *Não irei tomar o chá com vocês*, e cujo *aimer* foi rebaixado a *apreciar*. Esse hábito hiperbólico do francês aparece também em sua linguagem escrita: Paul Valéry, herói da lucidez ordenadora, transcreve algumas esquecíveis e esquecidas linhas de La Fontaine, e afirma a seu respeito (contra alguém): *"ces plus beaux vers du monde"* (*Variété*, 84).

Agora quero lembrar-me do futuro, não do passado. Já se pratica a leitura em silêncio, sintoma venturoso. Já existe leitor calado de versos. Dessa capacidade sigilosa a uma escritura puramente ideográfica — comunicação direta de experiências, não de sons — há uma distância incansável, mas sempre menos extensa que o futuro.

Releio estas negações e penso: ignoro se a música sabe desesperar da música e o mármore do mármore, mas a literatura é uma arte que sabe profetizar aquele tempo em que já terá emudecido, e encarniçar-se com a própria virtude e enamorar-se da própria dissolução e cortejar seu fim.

1930

# o outro
# whitman

Quando o remoto compilador do *Zohar* teve que arriscar alguma notícia de seu indistinto Deus — divindade tão pura que nem mesmo o atributo de *ser* pode ser aplicado a ela sem blasfêmia —, imaginou um modo prodigioso de fazê-lo. Escreveu que seu rosto era trezentas e setenta vezes maior que dez mil mundos; entendeu que o gigantesco pode ser uma forma do invisível, e mesmo do abstrato. Esse é o caso de Whitman. Sua força é tão avassaladora e tão evidente que só percebemos que é forte.

A culpa não é, essencialmente, de ninguém. Nós, homens das diversas Américas, permanecemos tão incomunicados que nos conhecemos apenas por referência, contados pela Europa. Em tais casos, a Europa costuma ser sinédoque de Paris. A Paris interessa menos a arte que a política da arte: veja-se a tradição de panelinhas de sua literatura e de sua pintura, sempre dirigidas por comitês e com seus dialetos políticos: um, parlamentar, que fala de esquerdas e direitas; outro, militar, que fala de vanguardas e retaguardas. Para ser mais exato: interessa-lhes a economia da arte, não seus resultados. A economia dos versos de Whitman lhes foi tão inaudita que não conheceram Whitman. Preferiram classificá-lo: louvaram sua *licence majestueuse*, tornaram-no precursor dos muitos inventores caseiros do verso livre. Além disso, remedaram a parte mais vulnerável de sua dicção: as complacentes enumerações geográficas, históricas e circunstanciais que Whitman alinhou para realizar certa profecia de Emerson sobre o poeta digno da América. Esses remedos ou lembranças foram o futurismo, o unanimismo. Foram e são toda a poesia francesa de nosso tempo, com exceção da que deriva de Poe. (Da boa teoria de Poe, quero dizer, não de sua deficiente prática.) Muitos nem sequer perceberam que a enumeração é um dos procedimentos poéticos mais antigos — recordem-se os Salmos da Escritura e o primeiro coro d'*Os persas* e o catálogo homérico das naves — e que seu mérito essencial não é a extensão, mas o delicado ajuste verbal, as "simpatias e diferenças" das palavras. Walt Whitman não o ignorou:

*And of the threads that connect the stars and of wombs and of the father-stuff.*

Ou:

*From what the divine husband knows, from the work of fatherhood.*

Ou:

*I am as one disembodied, triumphant, dead.*

O assombro, contudo, lavrou uma imagem falsa de Whitman: a de um homem meramente laudatório e mundial, um insistente Hugo imposto desconsideradamente aos homens à força de repetição. Não nego que Whitman foi essa infelicidade em grande número de suas páginas; limito-me a demonstrar que em outras, melhores, foi poeta de um laconismo trêmulo e suficiente, homem de destino comunicado, não proclamado. Para isso, nada melhor do que traduzir alguns de seus poemas:

*ONCE I PASSED THROUGH A POPULOUS CITY*

*Certa vez passei por uma cidade populosa, guardando na mente,*
*para uso futuro, seus espetáculos, sua arquitetura, seus hábitos,*
*suas tradições.*
*Agora de toda essa cidade me lembro apenas da mulher que encontrei por acaso, que me demorou por amor.*
*Dia após dia, noite após noite estivemos juntos — e de todo o resto há tempos me esqueci.*
*Lembro-me apenas dessa mulher que apaixonadamente se apegou a mim.*
*Outra vez caminhamos, nos amamos, outra vez nos deixamos.*
*Outra vez ela me leva pela mão, não preciso partir.*
*E a vejo a meu lado com os lábios quietos, triste e estremecida.*

*WHEN I READ THE BOOK*

*Enquanto eu lia o livro, a famosa biografia,*
*Então é isso (eu disse) o que o autor chama a vida de um homem.*
*E é assim que alguém vai escrever sobre mim quando eu estiver morto?*

*(Como se alguém pudesse saber alguma coisa de minha vida;*
*Eu mesmo costumo pensar que pouco ou nada sei de minha ver-*
*dadeira vida.*
*Só alguns traços, alguns sinais desmaiados e indícios*
*Que tento, para minha própria informação, resolver aqui.)*

*WHEN I HEARD THE LEARNED ASTRONOMER*

*Quando ouvi o douto astrônomo*
*Quando me apresentaram em colunas as provas, os algarismos,*
*Quando me mostraram os mapas e os diagramas, para medir, di-*
*vidir e somar,*
*Quando de meu lugar ouvi o douto astrônomo dissertando em sua*
*cátedra, muito aplaudido,*
*Senti-me inexplicavelmente atordoado e aborrecido,*
*Até que me esgueirei e me afastei sozinho*
*No ar úmido e místico da noite, e de tempos em tempos*
*Em silêncio perfeito olhei as estrelas.*

Assim é Walt Whitman. Não sei se é excessivo indicar
— acabo de perceber — que essas três confissões possuem
um tema idêntico: a peculiar poesia da arbitrariedade e da
privação. Simplificação final da lembrança, impenetrabi-
lidade e pudor de nossa existência, negação dos esquemas
intelectuais e apreço pelas notícias primárias dos sentidos
são as respectivas moralidades desses poemas. É como se
Whitman dissesse: Inesperado e elusivo é o mundo, mas
sua própria contingência é uma riqueza, já que não podemos nem mesmo determinar a que ponto somos pobres,
pois tudo é dádiva. Uma lição da mística da parcimônia,
proveniente da América do Norte?

Uma última sugestão. Estou pensando que Whitman — homem de infinitas invenções, simplificado pela visão alheia como mero gigante — é um abreviado símbolo de sua pátria. A história mágica das árvores que encobrem o bosque pode servir, invertida magicamente, para esclarecer minha intenção. Porque houve certa vez uma selva tão infinita que ninguém se lembrou de que era feita de árvores; porque entre dois mares há uma nação de homens tão forte que ninguém costuma lembrar que é de homens. De homens de humana condição.

1929

# uma vindicação
# da cabala

Não é esta a primeira vez que se empreende nem será a última que falha, mas dois fatos a distinguem. Um é minha inocência quase total do hebraico; outro é a circunstância de que não quero vindicar a doutrina, mas os procedimentos hermenêuticos ou criptográficos que a ela conduzem. Esses procedimentos, como se sabe, são a leitura vertical dos textos sagrados, a leitura chamada *bouestrophedon* (uma linha da direita para a esquerda, da esquerda para a direita a seguinte), metódica substituição de umas letras do alfabeto por outras, a soma do valor numérico das letras etc. Zombar de tais operações é fácil, prefiro procurar entendê-las.

É evidente que sua causa remota é o conceito da inspiração mecânica da Bíblia. Esse conceito, que faz de evangelistas e profetas secretários impessoais de Deus que escrevem o que lhes ditam, aparece com imprudente energia na *Formula consensus helvetica*, que reclama autoridade para as consoantes da Escritura e até para os sinais diacríticos — que as versões primitivas não conheceram. (Esse preciso cumprimento no homem dos propósitos literários de Deus é a inspiração ou o entusiasmo: palavra cujo sentido exato é endeusamento.) Os islamitas podem se gabar de exceder essa hipérbole, pois resolveram que o original do Alcorão — *a mãe do Livro* — é um dos atributos de Deus, com Sua misericórdia ou Sua ira, e o julgam anterior ao idioma, à Criação. Também há teólogos luteranos que não ousam englobar a Escritura entre as coisas criadas e a definem como uma encarnação do Espírito. Do Espírito: já nos espreita um mistério. Não a divindade geral, mas a hipóstase terceira da divindade foi quem ditou a Bíblia. É a opinião corrente; Bacon, em 1625, escreveu: "O lápis do Espírito Santo demorou-se mais nas aflições de Jó que nas venturas de Salomão".[1] Também seu contemporâneo John Donne: "O Espírito Santo é um escritor eloqüente, um veemente e copioso escritor, mas não um tagarela; tão distante de um estilo indigente quanto de um supérfluo".

Impossível definir o Espírito e silenciar a horrenda sociedade trinitária e una da qual faz parte. Os católicos laicos a consideram um corpo colegiado infinitamente correto, mas também infinitamente entediado; os *liberais*, um vão Cérbero teológico, uma superstição que os muitos avanços do século vão se encarregar de abolir. A trindade, é claro, supera essas fórmulas. Imaginada repentinamente, sua concepção de um pai, um filho e um espectro, articulados num só organismo, parece um caso de teratologia intelectual, uma deformação que só o horror de um pesadelo pode ter parido. É o que penso, mas tento considerar que todo objeto cujo fim ignoramos é provisoriamente

---

1 Sigo a versão latina: *"diffusius tractavit Jobi afflictiones"*. Em inglês, com mais acerto, ele escreveu *hath laboured more*.

monstruoso. Essa observação geral se vê agravada aqui pelo mistério profissional do objeto.

Desligada do conceito de redenção, a distinção das três pessoas em uma só pode parecer arbitrária. Considerada necessidade da fé, seu mistério fundamental não diminui, mas sua intenção e seu emprego despontam. Entendemos que renunciar à Trindade — à Dualidade, pelo menos — é fazer de Jesus um delegado ocasional do Senhor, um incidente da história, não o auditor imorredouro, contínuo, de nossa devoção. Se o Filho não é também o Pai, a redenção não é obra divina direta; se não é eterno, tampouco o será o sacrifício de ter-se rebaixado a homem e ter morrido na cruz. "Só uma infinita excelência poderia ser satisfatória para uma alma perdida por infinitas eras", instou Jeremy Taylor. Assim o dogma pode se justificar, embora os conceitos da geração do Filho pelo Pai e da procissão do Espírito pelos dois insinuem hereticamente uma prioridade, sem contar sua culpada condição de meras metáforas. A teologia, empenhada em diferenciá-las, resolve que não há motivo de confusão, posto que o resultado de uma é o Filho, o da outra o Espírito. Geração eterna do Filho, procissão eterna do Espírito, é a soberba decisão de Ireneu: invenção de um ato sem tempo, de um mutilado *zeitloses Zeitwort*, que podemos rejeitar ou venerar, mas não discutir. O inferno é mera violência física, mas as três inextricáveis pessoas implicam um horror intelectual, uma infinitude sufocada, especiosa, como de espelhos contrários. Dante quis figurá-las com o signo de uma reverberação de círculos diáfanos, de várias cores; Donne, com enleadas serpentes, ricas e indissolúveis. "*Toto coruscat trinitas mysterio*", escreveu são Paulino; "Fulge em pleno mistério a trindade".

Se o Filho é a reconciliação de Deus com o mundo, o Espírito — princípio da santificação, segundo Atanásio; um anjo entre os outros, para Macedônio — não pode receber melhor definição que a de ser a intimidade de Deus conosco, sua imanência em nosso coração. (Para os socinianos — receio que com suficiente razão — não passava de uma locução personificada, uma metáfora das operações divinas, trabalhada depois até a vertigem.) Mera formação sintática ou não, a verdade é que a terceira pessoa cega da enredada trindade é o reconhecido autor das Escrituras. Gibbon, naquele capítulo de sua obra que trata do Islã, incluiu um censo geral das publicações do Espírito Santo, calculadas com certa timidez em cento e tanto; mas a que me interessa agora é o Gênese: matéria da Cabala.

Os cabalistas, como agora muitos cristãos, acreditavam na divindade dessa história, em sua deliberada redação por uma inteligência infinita. As conseqüências desse postulado são muitas. A distraída execução de um texto corrente — *verbi gratia*, das menções efêmeras do jornalismo — tolera uma quantidade sensível de acaso. Comunicam — postulando-o — um fato: informam que o sempre irregular assalto de ontem ocorreu em tal rua, tal esquina, a tal hora da manhã, receita não representável por ninguém e que se limita a nos apontar o lugar tal, onde as informações são fornecidas. Em indicações como essa, a extensão e a acústica dos parágrafos são necessariamente casuais. O contrário ocorre nos versos, cuja lei ordinária é a sujeição do sentido às necessidades (ou superstições) eufônicas. O casual neles não é o som, é o que significam. Assim no primeiro Tennyson, em Verlaine, no último Swinburne: dedicados apenas à expressão de estados gerais, mediante as ricas aventuras de sua prosódia. Consideremos um terceiro escritor, o intelectual. Este, seja no domínio da prosa (Valéry, De Quincey), seja no do verso, certamente não aboliu o acaso, mas o evitou, na medida do possível, e restringiu sua aliança incalculável. Aproxima-se remotamente do Senhor, para Quem o vago conceito de acaso não tem nenhum sentido. Do Senhor, do aperfeiçoado Deus dos teólogos, que conhece de uma vez — *uno intelligendi actu* — não só todos os fatos deste mundo repleto, mas os que teriam lugar se o mais evanescente deles mudasse — os impossíveis, também. Imaginemos agora essa inteligência estelar, dedicada a manifestar-se não em dinastias nem em aniquilações nem em pássaros, mas em vozes escritas. Imaginemos, também, de acordo com a teoria pré-agostiniana de inspiração verbal, que Deus dita, palavra por palavra, o que se propõe dizer.[2] Essa premissa (que foi a que os cabalistas assumiram) faz da Escritura um texto absoluto, em que a colaboração do acaso se reduz a zero. Só a concepção desse documento já é um prodígio superior a todos os registrados em suas páginas. Um livro impenetrável à contingência, um mecanismo de propósitos infinitos, de variações infalíveis, de revelações que espreitam, de superposições de luz, como não interrogá-lo até o absurdo, até a prolixidade numérica, como fez a Cabala?

1931

---

2 Orígenes atribuiu três sentidos às palavras da Escritura: o histórico, o moral e o místico, correspondentes ao corpo, à alma e ao espírito que integram o homem; João Escoto Erígena, um infinito de sentidos, como as cores cambiantes da plumagem do pavão.

# uma vindicação do falso basilides

Em 1905, eu sabia que as páginas oniscientes (de A a All) do primeiro volume do *Diccionario enciclopédico hispanoamericano*, de Montaner y Simón, incluíam um breve e alarmante desenho de uma espécie de rei, com perfilada cabeça de galo, torso viril com braços abertos que comandavam um escudo e um látego, e o resto era uma simples cauda enroscada que lhe servia de trono. Por volta de 1916, li esta obscura enumeração de Quevedo: "Lá estava o maldito Basilides heresiarca. Estava Nicolau da Antioquia, Carpócrates e Cerinto e o infame Ébion. Depois veio Valentim, o que considerou como princípio de tudo o mar e o silêncio". Por volta de 1923, percorri em Genebra não sei que livro heresiológico em alemão, e soube que o aziago desenho representava certo deus miscelâneo, que o próprio Basilides havia horrivelmente venerado. Soube também quão desesperados e admiráveis foram os gnósticos, e conheci suas ardentes especulações. Mais tarde pude interrogar os livros especiais de Mead (na versão alemã: *Fragmente eines verschollenen Glaubens*, 1902) e de Wolfgang Schultz (*Dokumente der Gnosis*, 1910) e os artigos de Wilhelm Bousset na *Encyclopaedia Britannica*. Hoje me propus resumir e ilustrar uma de suas cosmogonias: a de Basilides heresiarca, precisamente. Sigo passo a passo a notificação de Ireneu. Consta-me que muitos a invalidam, mas suspeito que essa desordenada revisão de sonhos defuntos pode admitir também a de um sonho que não sabemos se habitou algum sonhador. A heresia basilidiana, por outro lado, é a de configuração mais simples. Ele nasceu em Alexandria, dizem que aos cem anos da crucificação, dizem que entre os sírios e os gregos. A teologia, na época, era uma paixão popular.

No princípio da cosmogonia de Basilides há um Deus. Essa divindade carece majestosamente de nome, bem como de origem; daí sua aproximada nominação de *pater innatus*. Seu meio é o *pleroma* ou a plenitude: o inconcebível museu dos arquétipos platônicos, das essências inteligíveis, dos universais. É um Deus imutável, mas de seu repouso emanaram sete divindades subalternas que, condescendendo à ação, dotaram e presidiram um primeiro céu. Dessa primeira coroa demiúrgica derivou uma segunda, também com anjos, potestades e tronos, e estes fundaram outro céu mais baixo, que era o duplo simétrico do inicial. Este segundo conclave viu-se reproduzido num terceiro, e esse em outro inferior, e assim até 365. O senhor do céu do fundo é o da Escritura, e sua fração de divindade tende ao zero. Ele e seus anjos fundaram esse céu visível, moldaram a terra imaterial que estamos pisando e depois a repartiram. O razoável esquecimento apagou as fábulas precisas que essa cosmogonia atribuiu à origem do homem, mas o exemplo de outras imaginações coetâneas nos permite remediar essa omissão, ainda que de forma vaga e conjetural. No fragmento publicado por Hilgenfeld, a treva e a luz sempre haviam coexistido, ignorando-se, e quando finalmente se viram a luz só olhou de relance e se desviou, mas a escuridão enamorada se apoderou de seu reflexo ou lembrança, e esse foi o princípio do homem. No análogo sistema de Satornil, o céu revela aos anjos operários uma momentânea visão, e o homem é fabricado à sua imagem, mas se arrasta pelo chão como víbora, até que o piedoso Senhor lhe transmite uma centelha de seu poder. A essas narrações é o traço comum o que importa: nossa temerária ou culpada improvisação por uma divindade deficiente, com material ingrato. Volto à história de Basilides. Removida pelos anjos onerosos do deus hebreu, a baixa humanidade mereceu a piedade do Deus intemporal, que lhe destinou um redentor. Este devia assumir um corpo ilusório, pois a carne degrada. Seu fantasma impassível ficou publicamente suspenso na cruz, mas o Cristo essencial atravessou os céus superpostos e foi restituído ao *pleroma*. Atravessou-os ileso, pois conhecia o nome secreto de suas divindades. "E os que sabem a verdade desta história", conclui a profissão de fé referida por Ireneu, "vão saber que estão livres do poder dos príncipes que edificaram este mundo. Cada céu tem seu próprio nome e também cada anjo e senhor e cada potestade desse céu. Quem souber seus nomes incomparáveis os atravessará invisível e seguro, como o redentor. E como o Filho não foi reconhecido por ninguém, tampouco o será o gnóstico. E esses mistérios não deverão ser pronunciados, mas guardados em silêncio. Conhece a todos, que ninguém te conheça."

A cosmogonia numérica do princípio degenerou no fim em magia numérica, 365 andares de céu, a sete potestades por céu, requerem a improvável retenção de 2.555 amuletos orais: idioma que os anos reduziram ao precioso nome do redentor, que é Caulacau, e ao do imóvel Deus, que é Abraxas. A salvação, para essa desenganada heresia, é um esforço mnemotécnico dos mortos, assim como o tormento do salvador é uma ilusão óptica — dois simulacros que misteriosamente condizem com a precária realidade de seu mundo. Zombar da vã multiplicação de anjos nominais e de refletidos céus simétricos dessa cosmogonia não é totalmente difícil. O princípio taxativo de Ockham: "*Entia non sunt multiplicanda praeter necessitatem*", poderia lhe ser aplicado — arrasando-a. De minha parte, considero anacrônico ou inútil esse rigor. A boa conversão desses pesados símbolos vacilantes é o que importa. Vejo neles duas intenções: a primeira é um lugar-comum da crítica; a segunda — que não pretendo erigir em descoberta — não foi destacada até hoje. Começo pela mais ostensiva, que é a de resolver sem escândalo o problema do mal, mediante a hipotética inserção de uma série gradual de divindades entre o não menos hipotético Deus e a realidade. No sistema analisado, essas derivações de Deus decrescem e se abatem à medida que vão se afastando, até fundear nos abomináveis poderes que rabiscaram os homens com material adverso. No de Valentim — que *não* considerou como princípio de tudo o mar e o silêncio —, uma deusa caída (Achamoth) tem com uma sombra dois filhos, que são o fundador do mundo e o diabo. A Simão o Mago é atribuída uma exacerbação dessa história: o resgate de Helena de Tróia, antes filha primeira de Deus e depois condenada pelos anjos a transmigrações dolorosas, de um bordel de marinheiros em Tiro.[1] Os trinta e três anos humanos de Jesus Cristo e seu anoitecer na cruz não eram expiação suficiente para os duros gnósticos. Falta considerar o outro sentido dessas invenções obscuras. A vertiginosa torre de céus da heresia basilidiana, a proliferação de seus anjos, a sombra planetária dos demiurgos transtornando a terra, a maquinação dos círculos inferiores contra o *pleroma*, a densa população, ainda que inconcebível ou nominal, dessa vasta mitologia, visam também a diminuição deste mundo. O que nelas se prega não é nosso mal, mas nossa central insignificância. Como nos caudalosos poentes da planície, o céu é apaixonado e monumental e a terra é pobre. Essa é a justificadora intenção da cosmogonia melodramática de Valentim, que desfia um infinito argumento de dois irmãos sobrenaturais que se reconhecem, de uma mulher caída, de uma ilusória intriga poderosa dos anjos maus e de um casamento final. Nesse melodrama ou folhetim, a criação deste mundo é um mero aparte. Admirável idéia: o mundo imaginado como processo essencialmente fútil, como reflexo lateral e perdido de velhos episódios celestes. A criação como fato casual.

O projeto foi heróico; o sentimento religioso ortodoxo e a teologia repudiam essa possibilidade com escândalo. A

---

1 Helena, filha dolorosa de Deus. Essa filiação divina não esgota as semelhanças de sua lenda com a de Jesus Cristo. A este, os discípulos de Basilides outorgaram um corpo insubstancial; da trágica rainha, pretendeu-se que apenas seu *eidolon* ou simulacro fosse levado de Tróia. Um belo espectro nos redimiu; outro fez carreira em batalhas e em Homero. Ver, para este docetismo de Helena, o *Fedro* de Platão e o livro *Adventures Among Books*, de Andrew Lang, pp. 237-48.

criação primeira, para eles, é ato livre e necessário de Deus. O universo, conforme dá a entender santo Agostinho, não começou no tempo, mas simultaneamente com ele — juízo que nega toda prioridade do Criador. Strauss dá por ilusória a hipótese de um momento inicial, pois este contaminaria de temporalidade não apenas os instantes ulteriores, mas também a eternidade "precedente". Durante os primeiros séculos de nossa era, os gnósticos disputaram com os cristãos. Foram aniquilados, mas não podemos representar sua vitória possível. Se Alexandria, e não Roma, tivesse vencido, as estranhas e sombrias histórias que compendiei aqui seriam coerentes, majestosas e cotidianas. Frases como a de Novalis: "A vida é uma doença do espírito",[2] ou a de Rimbaud, desesperada: "A verdadeira vida está ausente; não estamos no mundo", fulgurariam nos livros canônicos. Especulações como a (renegada) de Richter sobre a origem estelar da vida e sua casual disseminação neste planeta conheceriam o assentimento incondicional dos laboratórios piedosos. Em todo caso, que melhor dom podemos esperar que o de sermos insignificantes, que maior glória para um Deus que a de ser absolvido do mundo?

1931

2 Esse ditame — *Leben ist eine Krankheit des Geistes, ein leidenschaftliches Tun* — deve sua difusão a Carlyle, que o destacou em seu famoso artigo da *Foreign Review*, 1829. Não são coincidências momentâneas, mas uma redescoberta essencial das agonias e das luzes do gnosticismo, a dos *Livros proféticos* de William Blake.

# a postulação
## da realidade

Hume observou definitivamente que os argumentos de Berkeley não admitem a menor réplica e não produzem a menor convicção; eu gostaria, para eliminar os de Croce, de uma sentença não menos educada e mortal. A de Hume não me serve, porque a diáfana doutrina de Croce tem a faculdade de persuadir, embora esta seja a única. Seu defeito é ser impraticável; serve para acabar com uma discussão, não para resolvê-la.

Sua fórmula — meu leitor vai se lembrar — é a identidade do estético e do expressivo. Não a renego, mas quero observar que os escritores de hábito clássico costumam evitar a expressividade. O fato não foi considerado até agora; explico-me.

O romântico, em geral com pobre fortuna, quer incessantemente expressar; o clássico raras vezes prescinde de uma petição de princípios. Destituo aqui de toda conotação histórica as palavras *clássico* e *romântico*; entendo-as como dois arquétipos de escritor (dois procedimentos). O clássico não desconfia da linguagem, acredita na suficiente virtude de cada um de seus signos. Escreve, por exemplo: "Depois da partida dos godos e da separação do exército aliado, Átila ficou maravilhado com o vasto silêncio que reinava sobre os campos de Châlons: a suspeita de um estratagema hostil deteve-o por alguns dias dentro do círculo de suas carruagens, e sua retirada do Reno marcou a última vitória alcançada em nome do império ocidental. Meroveu e seus francos, observando uma distância prudente e aumentando seu suposto número com os muitos fogos que acendiam a cada noite, seguiram na retaguarda dos hunos até os confins da Turíngia. Os turíngios militavam nas forças de Átila: cruzaram, no avanço e na retirada, os territórios dos francos; talvez nessa ocasião tenham cometido as atrocidades que foram vingadas, uns oitenta anos depois, pelo filho de Clóvis. Degolaram seus reféns: duzentas donzelas foram torturadas com implacável e raro furor; seus corpos foram esquartejados por cavalos indômitos e seus ossos esmagados sob as rodas das carruagens, e tiveram seus membros insepultos abandonados pelos caminhos, como presa para cães e abutres" (Gibbon, *Declínio e queda do império romano*, XXXV). Basta o inciso "Depois da partida dos godos" para perceber o caráter mediato desta escrita, generalizante e abstrata até a invisibilidade. O autor nos propõe um jogo de símbolos, rigorosamente organizados, sem dúvida, mas cuja eventual animação fica a nosso cargo. Não é realmente expressivo: limita-se a registrar uma realidade, não a representá-la. Os ricos fatos, a cuja póstuma alusão nos convida, implicaram pesadas experiências, percepções, reações; estas podem ser inferidas de seu relato, mas não estão nele. Para ser mais exato: ele não escreve os primeiros contatos da realidade, mas sua elaboração final em conceito. É o método clássico, sempre observado por Voltaire, por Swift, por Cervantes. Transcrevo um segundo parágrafo, já quase abusivo, deste último: "Finalmente a Lotário pareceu mister, no espaço e lugar proporcionado pela ausência de Anselmo, apertar o cerco àquela fortaleza, e atacou, pois, sua presunção com elogios de sua formosura, porque não há coisa que mais rápido renda e domine as encasteladas torres da vaidade das belas que a própria vaidade posta na língua da adulação. De fato, ele com toda diligência minou a rocha de sua integridade com essa munição, e ainda que Camila fosse toda de bronze, viria ao chão. Chorou, rogou, ofereceu, adulou, porfiou e fingiu Lotário com tanto sentimento, com mostras de todas as veras, que deitou por terra o recato de Camila, e alcançou o mais inesperado e mais desejado triunfo" (*Quixote*, I, capítulo 34).

Passagens como as anteriores formam a grande maioria da literatura mundial, mesmo da menos indigna. Rejeitá-las para não perturbar uma fórmula seria inoportuno e prejudicial. Em sua notória ineficácia, são eficazes; falta resolver essa contradição.

Eu aconselharia esta hipótese: a imprecisão é tolerável ou verossímil na literatura porque sempre tendemos a ela na realidade. A simplificação conceitual de estados complexos é muitas vezes uma operação instantânea. O próprio fato de perceber, de levar em conta, é de ordem seletiva: toda atenção, toda fixação de nossa consciência comporta uma omissão deliberada do não interessante. Vemos e ouvimos por meio de lembranças, de temores, de previsões. No corporal, a inconsciência é necessidade dos atos físicos. Nosso corpo sabe articular esse difícil parágrafo, sabe lidar com escadas, com nós, com passagens de nível, com cidades, com rios correntosos, com cães, sabe atravessar uma rua sem que o trânsito nos aniquile, sabe engendrar, sabe respirar, sabe dormir, sabe, talvez, matar: nosso corpo, não nossa inteligência. Nosso viver é uma série de adaptações, vale dizer, uma educação do esquecimento. É admirável que a primeira notícia que Thomas More nos dá sobre Utopia seja sua perplexa ignorância da "verdadeira" extensão de uma de suas pontes...

Releio, para melhor exame do clássico, o parágrafo de Gibbon, e deparo com uma quase imperceptível e certamente inócua metáfora, a do reinado do silêncio. É um projeto de expressão — ignoro se frustrado ou feliz — que não parece condizer com o estrito desempenho legal do resto de sua prosa. Naturalmente, ela se justifica por sua invisibilidade, sua índole já convencional. Seu emprego nos permite definir outra marca do classicismo: a crença de que uma vez forjada uma imagem, esta constitui um bem público. Para o conceito clássico, a pluralidade dos homens e dos tempos é acessória, a literatura é sempre uma só. Os surpreendentes defensores de Góngora o justificavam da acusação de inovar — mediante a prova documental da boa ascendência erudita de suas metáforas. Nem chegavam a pressentir o achado romântico da personalidade. Agora, estamos tão concentrados nele que o fato de negá-lo ou negligenciá-lo é apenas uma entre tantas aptidões para "ser pessoal". Quanto à tese de que a linguagem poética deve ser una, cabe apontar sua evanescente ressurreição por parte de Arnold, que propôs reduzir o vocabulário dos tradutores homéricos ao da *Authorized Version* da Escritura, sem outro alívio que a intercalação eventual de algumas liberdades de Shakespeare. Seu argumento era o poderio e a difusão das palavras bíblicas...

A realidade que os escritores clássicos propõem é questão de confiança, como a paternidade para certo personagem dos *Lehrjahre*. A que os românticos procuram esgotar é, antes, de caráter impositivo: seu método contínuo é a ênfase, a mentira parcial. Não inquiro ilustrações: todas as páginas de prosa ou de verso que são profissionalmente atuais podem ser questionadas com sucesso. A postulação clássica da realidade pode assumir três modos, muito diversamente acessíveis. O de trato mais fácil consiste numa notificação geral dos fatos que interessam. (Salvo certas alegorias incômodas, o supracitado texto de Cervantes não é mau exemplo desse modo primeiro e espontâneo dos procedimentos clássicos.) O segundo consiste em imaginar uma realidade mais complexa que a declarada ao leitor e referir suas derivações e efeitos. Não conheço melhor ilustração que a abertura do fragmento heróico de Tennyson, *Mort d'Arthur*, que reproduzo em desentoada prosa, pelo interesse de sua técnica. Verto literalmente: "Assim, durante todo o dia, o ruído bélico retumbou nas montanhas, junto ao mar invernal, até que a távola do rei Arthur, homem por homem, tombou em Lyonness ao redor de seu senhor, o rei Arthur: então, porque seu ferimento era profundo, o intrépido sir Bediver o levantou, sir Bediver, o último de seus cavaleiros, e o levou para uma capela perto do campo, um presbitério quebrado, com uma cruz quebrada, que ficava num sombrio braço de terreno árido. De um lado jazia o Oceano; do outro, uma grande água, e a lua era cheia". Três vezes essa narração postulou uma realidade mais complexa: a primeira, mediante o artifício gramatical do advérbio *assim*; a segunda, e melhor, mediante o modo incidental de transmitir um fato: "porque seu ferimento era profundo"; a terceira, mediante a inesperada adição de "e a lua era cheia". Outra eficaz ilustração desse

75

método é proporcionada por Morris, que depois de relatar o mítico rapto de um dos remeiros de Jasão pelas ligeiras divindades de um rio, fecha a história deste modo: "A água ocultou as ninfas enrubescidas e o despreocupado homem adormecido. No entanto, antes que a água os engolisse, uma delas atravessou correndo aquele prado e apanhou na relva a lança com ponta de bronze, o escudo cravejado e redondo, a espada com o punho de marfim, a cota de malhas, e depois se atirou na correnteza. Assim, quem poderá contar essas coisas, senão o vento, ou o pássaro que do canavial as viu e ouviu?". Este testemunho final de seres ainda não mencionados é o que nos importa.

O terceiro método, o mais difícil e eficiente de todos, exerce a invenção circunstancial. Sirva-nos de exemplo certo memorabilíssimo traço de *La gloria de Don Ramiro*: aquele aparatoso "caldo de toicinho, que era servido numa sopeira com cadeado para defendê-lo da voracidade dos pajens", tão insinuativo da miséria decente, da fileira de criados, do casarão cheio de escadas e voltas e de luzes diversas. Dei um exemplo curto, linear, mas sei de obras extensas — os rigorosos romances imaginativos de Wells,[1] os exasperadamente verossímeis de Daniel Defoe — que não

---

1 Como *O homem invisível*. Esse personagem — um solitário estudante de química no desesperado inverno londrino — acaba por reconhecer que os privilégios do estado invisível não compensam seus inconvenientes. Tem que sair descalço e nu, para que um casaco apressado e umas botas autônomas não agitem a cidade. Um revólver, em sua mão transparente, é de impossível ocultação. Antes de assimilados, também o são os alimentos deglutidos por ele. Desde o amanhecer suas pálpebras nominais não barram a luz e ele tem que se acostumar a dormir como se estivesse com os olhos abertos. Também é inútil colocar o braço fantasmal sobre os olhos. Na rua os acidentes de trânsito o preferem e ele está sempre com medo de morrer esmagado. Tem que fugir de Londres. Tem que se

utilizam outro recurso senão o desenvolvimento ou a série desses pormenores lacônicos de longa projeção. Afirmo o mesmo dos romances cinematográficos de Josef von Sternberg, feitos também de momentos significativos. É método admirável e difícil, mas sua aplicabilidade geral o torna menos estritamente literário do que os dois anteriores, e, em particular, do que o segundo. Isto costuma funcionar pela pura sintaxe, pela pura perícia verbal. Prova disso são os versos de Moore:

*Je suis ton amant, et la blonde*
*Gorge tremble sous mon baiser,*

cuja virtude está na transição do pronome possessivo ao artigo definido, no emprego surpreendente do *la*. Seu inverso simétrico está na seguinte linha de Kipling:

*Little they trust to sparrow — dust that stop the seal in his sea!*

Naturalmente, *his* está regido por *seal*. "Que detêm a foca em seu mar."

1931

---

refugiar em perucas, em grandes óculos escuros, em narizes de carnaval, em barbas suspeitas, em luvas, "para que não vejam que é invisível". Descoberto, inicia num vilarejo do interior um miserável Reino do Terror. Para que o respeitem, fere um homem. Então o delegado faz com que seja rastreado por cães, cercam-no perto da estação e o matam.

Outro exemplo de habilíssima fantasmagoria circunstancial é o conto de Kipling, "The Finest Story in the World", de sua recopilação de 1893, *Many Inventions*.

# filmes

Escrevo minha opinião sobre alguns filmes que estrearam recentemente. O melhor, a considerável distância dos outros: *O assassino Karamazov* (Filmreich). Seu diretor (Ozep) eludiu sem desconforto visível os aclamados e vigentes erros da produção alemã — a simbologia soturna, a tautologia ou repetição supérflua de imagens equivalentes, a obscenidade, as inclinações teratológicas, o satanismo — e tampouco incorreu nos ainda menos esplendorosos da escola soviética: a omissão absoluta de caracteres, a mera antologia fotográfica, as grosseiras seduções do comitê. (Dos franceses não falo: hoje, seu desejo puro e simples é o de não parecerem norte-americanos — risco que certamente não correm.) Desconheço o extenso romance do qual foi extraído esse filme: culpa feliz que me permitiu desfrutá-lo sem a contínua tentação de superpor o espetáculo atual sobre a leitura lembrada, para ver se coincidiam. Assim, com imaculada prescindência de suas profanações nefandas e de suas meritórias fidelidades — ambas sem importância —, o presente filme é poderosíssimo. Sua realidade, embora puramente alucinatória, sem subordinação nem coesão, não é menos torrencial que a de *Docas de Nova York*, de Josef von Sternberg. Sua apresentação de genuína, candorosa felicidade, depois de um assassinato, é um dos momentos altos do filme. A fotografia — o amanhecer já definido, as monumentais bolas de bilhar aguardando o impacto, a mão clerical de Smerdiakov, retirando o dinheiro — é excelente, em invenção e execução. Passo a outro filme. O que misteriosamente se chama *Luzes da cidade*, de Chaplin, conheceu o aplauso incondicional de todos os nossos críticos; é verdade que sua aclamação impressa é mais uma prova de nossos irrepreensíveis serviços telegráficos e postais do que um ato pessoal, presumido. Quem se atreveria a ignorar que Charles Chaplin é um dos deuses mais seguros da mitologia de nosso tempo, um colega dos pesadelos imóveis de De Chirico, das ardentes metralhadoras de Scarface Al, do universo finito ainda que ilimitado, das costas zenitais de Greta Garbo, dos olhos enevoados de Gandhi? Quem desconheceria que sua novíssima *comédie larmoyante* era de antemão assombrosa? Na realidade, na realidade que imagino, esse visitadíssimo filme do esplêndido inventor e protagonista de *Em busca do ouro* não passa de uma lânguida antologia de pequenos percalços, impostos a uma história sentimental. Alguns episódios são novos; outro, como o da alegria técnica do lixeiro diante do providencial (e depois falaz) elefante que deve fornecer uma dose de *raison d'être*, é reedição fac-similar do incidente do lixeiro troiano e do falso cavalo dos gregos, do pretérito filme *A vida privada de Helena de Tróia*. Objeções mais gerais podem ser somadas também contra *City Lights*. Sua falta de realidade só é comparável a sua falta, também desesperadora, de irrealidade. Há filmes reais —

*Defesa que humilha, Caminhos da sorte, A turba,* até *Melodias da Broadway* —; há os de voluntária irrealidade: os individualíssimos de Borzage, os de Harry Langdon, os de Buster Keaton, os de Eisenstein. A este segundo gênero correspondiam as primeiras travessuras de Chaplin, sem dúvida apoiadas pela fotografia superficial, pela velocidade espectral da ação e pelos fraudulentos bigodes, insensatas barbas postiças, agitadas perucas e portentosas sobrecasacas dos atores. *Luzes da cidade* não alcança essa realidade, e não é convincente. Salvo a cega luminosa, que tem o extraordinário da beleza, e salvo o próprio Charlie, sempre tão disfarçado e tão tênue, todos os seus personagens são temerariamente normais. Seu destrambelhado argumento pertence à difusa técnica conjuntiva de vinte anos atrás. Arcaísmo e anacronismo também são gêneros literários, sei disso; mas seu uso deliberado é algo diferente de sua perpetração infeliz. Consigno minha esperança — muitas vezes satisfeita — de não ter razão.

Em *Morocco*, de Sternberg, também é perceptível o cansaço, embora em grau menos todo-poderoso e suicida. O laconismo fotográfico, a organização requintada, os procedimentos oblíquos e suficientes de *Paixão e sangue* foram substituídos aqui pela mera acumulação de figurantes, pelas largas pinceladas de excessiva cor local. Sternberg, para significar Marrocos, não imaginou um meio menos brutal que a trabalhosa falsificação de uma cidade moura nos subúrbios de Hollywood, com fortuna de albornozes e piscinas e altos muezins guturais que precedem a alvorada e camelos ao sol. Em compensação, seu argumento geral é bom, e sua resolução em claridade, em deserto, em ponto de partida outra vez, é a de nosso primeiro *Martín Fierro* ou a do romance *Sanin*, do russo Arzibáshef. *Morocco* se deixa ver com simpatia, mas não com o prazer intelectual que proporciona o heróico *O super-homem*.

Os russos descobriram que a fotografia oblíqua (e por conseguinte disforme) de um garrafão, de um cachaço de touro ou de uma coluna possuía valor plástico superior à de mil e um extras de Hollywood, rapidamente fantasiados de assírios e depois embaralhados até a vagueza total por Cecil B. de Mille. Também descobriram que as convenções do Middle West — méritos da denúncia e da espionagem, felicidade final e matrimonial, intacta integridade das prostitutas, concludente *uppercut* administrado por um jovem abstêmio — podiam ser trocadas por outras, não menos admiráveis. (Assim, num dos mais altos filmes do Soviete, um encouraçado bombardeia à queima-roupa o abarrotado porto de Odessa, sem outra mortandade que a de alguns leões de mármore. Essa pontaria inócua se deve ao fato de ser um virtuoso encouraçado bolchevique.) Tais descobertas foram propostas a um mundo saturado até o tédio pelas emissões de Hollywood. O mundo lhes fez as honras, e estendeu seu agradecimento a ponto de pretender que a cinematografia soviética havia obliterado para sempre a americana. (Eram os anos em que Alexander Block anunciava, com a peculiar inflexão de Walt Whitman, que os russos eram citas.) Esqueceu-se, ou quis esquecer-se, que a maior virtude do filme russo era sua interrupção de um regime californiano contínuo. Esqueceu-se que era impossível contrapor algumas boas ou excelentes violências (*Ivan, o Terrível, O encouraçado Potemkin*, talvez *Outubro*) a uma vasta e complexa literatura, exercitada com feliz desempenho em todos os gêneros, desde a incomparável comicidade (Chaplin, Buster Keaton e Langdon) até as puras invenções fantásticas: mitologia do Krazy Kat e de Bimbo. Soou o alarme russo; Hollywood reformou ou enriqueceu alguns de seus hábitos cinematográficos e não se preocupou muito. King Vidor, sim. Refiro-me ao desigual diretor de obras tão memoráveis quanto *Aleluia* e tão desnecessárias e triviais quanto *Billy the Kid*: recatada historiação das vinte mortes (sem contar os mexicanos) do desordeiro mais afamado do Arizona, feita com o único mérito da profusão das tomadas panorâmicas e da metódica prescindência de *close-ups* para significar o deserto. Sua obra mais recente, *Street Scene*, adaptada da comédia homônima do ex-expressionista Elmer Rice, se inspira no mero desejo negativo de não parecer "*standard*". Há um insatisfatório *minimum* de argumento. Há um herói virtuoso, mas que é manobrado por um valentão. Há um casal romântico, mas toda união legal ou sacramental lhes está proibida. Há um glorioso e excessivo italiano, "larger than life", que tem a seu evidente cargo toda a comicidade da obra, e cuja vasta irrealidade recai também sobre seus colegas normais. Há personagens que parecem de verdade, e há os fantasiados. Não é, substancialmente, uma obra realista; é a frustração ou a repressão de uma obra romântica.

Duas grandes cenas a exaltam: a do amanhecer, em que o belo processo da noite é sintetizado pela música; a do assassinato, que nos é apresentado indiretamente, no tumulto e na tempestade dos rostos.

1932

# a arte narrativa
# e a magia

A análise dos procedimentos do romance conheceu pouca publicidade. A causa histórica dessa continuada reserva é a prioridade de outros gêneros; a causa fundamental, a quase inextricável complexidade dos artifícios romanescos, que é trabalhoso extrair da trama. O analista de uma obra forense ou de uma elegia dispõe de um vocabulário especial e da facilidade de exibir parágrafos que se bastam; o de um longo romance carece de termos adequados e não pode ilustrar o que afirma com exemplos imediatamente fidedignos. Peço, pois, um pouco de resignação com as verificações que se seguem.

Começarei por considerar a face romanesca do livro *The Life and Death of Jason* (1867), de William Morris. Meu objetivo é literário, não histórico: daí que deliberadamente omita todo estudo, ou aparência de estudo, da filiação helênica do poema. Limito-me a transcrever que os antigos — entre eles, Apolônio de Rodes — já haviam versificado as etapas da façanha argonáutica, e mencionar um livro intermediário, de 1474, *Les Faits et prouesses du noble et vaillant chevalier Jason*, inacessível em Buenos Aires, naturalmente, mas que os comentadores ingleses poderiam rever.

O árduo projeto de Morris era a narração verossímil das aventuras fabulosas de Jasão, rei de Iolco. A surpresa linear, recurso geral da lírica, não era possível nessa seqüência de mais de dez mil versos. Esta necessitava, antes de mais nada, de uma forte aparência de veracidade, capaz de produzir essa espontânea suspensão da dúvida, que constitui, para Coleridge, a fé poética. Morris consegue despertar essa fé; quero investigar como. Recorro a um exemplo do primeiro livro. Éson, antigo rei de Iolco, entrega seu filho à tutela selvática do centauro Quíron. O problema reside na difícil verossimilhança do centauro. Morris o resolve insensivelmente. Começa por mencionar essa estirpe, misturando-a com nomes de feras que também são estranhas.

*Where bears and wolves the centaurs' arrows find.*

explica sem assombro. Essa primeira menção, incidental, é continuada, após trinta versos, por outra, que se adianta à descrição. O velho rei ordena a um escravo que vá com o menino até a selva, no sopé dos montes, sopre numa trompa de marfim para chamar o centauro, que será (adverte) "de grave fisionomia e robusto", e que se ajoelhe diante dele. Seguem-se as ordens até a terceira menção, enganosamente negativa. O rei lhe recomenda que não tenha medo do centauro. Depois, demonstrando pesar pelo filho que vai perder, tenta imaginar sua vida futura na selva, entre os "quick-eyed centaurs" — traço que os anima e que se justifica por sua famosa condição de arqueiros.[1] O es-

---

1 Cf. o verso: "Cesare armato, con gli occhi grifagni" (Inferno IV, 123).

cravo cavalga com o menino e apeia ao amanhecer, diante de um bosque. Embrenha-se a pé entre os carvalhos, com o filhinho nas costas. Então sopra uma trompa e espera. Um melro está cantando nessa manhã, mas o homem já pode perceber um rumor de cascos, e sente um pouco de medo no coração, e se distrai do menino, empenhado em alcançar a trompa reluzente. Aparece Quíron: dizem que antes seu pêlo era malhado, mas agora ele está quase branco, não muito diferente da cor de sua cabeleira humana, e com uma coroa de folhas de carvalho na transição de besta a homem. O escravo cai de joelhos. Anotemos, de passagem, que Morris pode não comunicar ao leitor sua imagem do centauro e nem mesmo convidarnos a ter uma, basta-lhe nossa contínua fé em suas palavras, como se fossem mundo real.

Idêntica persuasão, embora mais gradual, é a do episódio das sereias, no livro 14. As imagens preparatórias são de doçura. A cortesia do mar, a brisa de aroma alaranjado, a perigosa música reconhecida primeiro pela feiticeira Medéia, sua prévia operação de felicidade no rosto dos marinheiros que mal tinham consciência de ouvi-la, o fato verossímil de que no início não se distinguiam bem as palavras, dito de modo indireto:

*And by their faces could the queen behold*
*How sweet it was, although no tale it told,*
*To those worn toilers o'er the bitter sea,*

antecedem a aparição dessas divindades. Estas, ainda que finalmente avistadas pelos remeiros, estão sempre a alguma distância, implícita na frase circunstancial:

*for they were near enow*
*To see the gusty wind of evening blow*
*Long locks of hair across those bodies white*
*With golden spray hiding some dear delight.*

O último pormenor: "o orvalho de ouro" — de seus violentos cachos, do mar, de ambos ou de outro qualquer? —, "ocultando alguma querida delícia", tem ainda outro objetivo: o de significar sua atração. Esse duplo intento repete-se na seguinte circunstância: a neblina de lágrimas ansiosas, que ofusca a visão dos homens. (Ambos os artifícios são da mesma ordem que o da coroa de ramos na figuração do centauro.) Jasão, desesperado até a ira pelas sereias,[2] lhes dá o epíteto de *bruxas do mar* e faz cantar Orfeu, o dulcíssimo. Vem a tensão, e Morris tem o maravilhoso escrúpulo de nos avisar que as canções atribuídas por ele à boca não beijada das sereias e à de Orfeu não encerram mais que uma transfigurada lembrança do que então foi cantado. A mesma precisão insistente de suas cores — as margens amarelas da praia, a espuma dourada, a rosa gris — pode nos enternecer, porque parecem fragilmen-

---

2 Ao longo do tempo, as sereias mudam de forma. Seu primeiro historiador, o rapsodo do duodécimo livro da *Odisséia*, não nos diz como eram; para Ovídio, são pássaros de plumagem avermelhada e rosto de virgem; para Apolônio de Rodes, da metade do corpo para cima são mulheres, no restante, pássaros; para o mestre Tirso de Molina (e para a heráldica) "metade mulheres, metade peixes". Não menos discutível é sua índole; ele as chama de *ninfas;* o dicionário clássico de Lemprière entende que são ninfas, o de Quicherat que são monstros e o de Grimal que são demônios. Moram numa ilha do poente, perto da ilha de Circe, mas o cadáver de uma delas, Partênope, foi encontrado em Campânia, e deu nome à famosa cidade que agora tem o nome de Nápoles, e o geógrafo Estrabão viu sua

86

te salvas desse antigo crepúsculo. Cantam as sereias para proporcionar uma felicidade vaga como a água — "Such bodies garlanded with gold, so faint, so fair" —; canta Orfeu contrapondo as venturas firmes da terra. As sereias prometem um indolente céu submarino, *roofed over by the changeful sea* [coberto pelo mar inconstante], conforme repetiria — dois mil e quinhentos anos depois, ou só

tumba e presenciou os jogos ginásticos e a corrida com tochas que periodicamente eram celebrados em honra de sua memória.

A *Odisséia* narra que as sereias atraíam e perdiam os navegantes e que Ulisses, para ouvir seu canto e não perecer, tapou com cera os ouvidos de seus remeiros e ordenou que o amarrassem ao mastro. Para tentá-lo, as sereias prometiam o conhecimento de todas as coisas do mundo: "Ninguém passou por aqui em seu negro lenho sem ter ouvido de nossa boca a voz doce como o favo de mel, sem ter se deleitado com ela, sem ter prosseguido mais sábio. Porque sabemos todas as coisas; todos os afãs sofridos por argivos e troianos na grande Troada por determinação dos deuses, e sabemos tudo o que acontecerá na Terra fecunda" (*Odisséia*, XII). Uma tradição recolhida pelo mitólogo Apolodoro, em sua *Biblioteca*, narra que, da nau dos argonautas, Orfeu cantou com mais doçura que as sereias e que estas se precipitaram ao mar e foram transformadas em rochas, porque sua lei era morrer quando alguém não sentisse seu feitiço. Também a Esfinge se precipitou das alturas quando adivinharam seu enigma.

No século VI, uma sereia foi capturada e batizada no norte de Gales, e chegou a figurar como santa em certos calendários antigos, sob o nome de Murgan. Outra, em 1403, passou por uma brecha num dique, e morou em Haarlem até o dia de sua morte. Ninguém a entendia, mas a ensinaram a fiar e ela venerava a cruz como que por instinto. Um cronista do século XVI argumentou que não era um peixe porque sabia fiar e que não era uma mulher porque podia viver na água.

A língua inglesa distingue a sereia clássica (*siren*) das que têm rabo de peixe (*mermaids*). Na formação destas últimas haviam influído, por analogia, os tritões, divindades do cortejo de Posêidon.

No décimo livro da *República*, oito sereias presidem à rotação dos oito céus concêntricos.

Sereia: suposto animal marinho, lemos num dicionário brutal.

cinqüenta? — Paul Valéry. Cantam, e algo da discernível contaminação de sua perigosa doçura entra no canto corretivo de Orfeu. Finalmente os argonautas passam, mas um altivo ateniense, finda a tensão e já longa a esteira atrás da nave, atravessa correndo as filas dos remeiros e se atira, da popa, ao mar.

Passo a uma segunda ficção, a *Narrative of A. Gordon Pym* (1838), de Poe. O secreto argumento desse romance é o medo e a vilificação do branco. Poe imagina algumas tribos que vivem nos arredores do círculo antártico, perto da pátria inesgotável dessa cor, e que gerações atrás sofreram a terrível visita dos homens e das tempestades da brancura. O branco é anátema para essas tribos e posso confessar que também o é, por volta da última linha do último capítulo, para os condignos leitores. Os argumentos desse livro são dois: um imediato, de vicissitudes marítimas; outro infalível, sigiloso e crescente, que só se revela no final. "Nomear um objeto", dizem que disse Mallarmé, "é suprimir as três quartas partes do prazer do poema, que reside na felicidade de ir adivinhando; o sonho é sugeri-lo." Nego que o escrupuloso poeta tenha redigido essa frivolidade numérica das "três quartas partes", mas a idéia geral lhe convém e ele a realizou ilustremente em sua apresentação linear de um ocaso:

> *Victorieusement fuit le suicide beau*
> *Tison de gloire, sang par écume, or, tempête!*

A sugestão lhe veio, sem dúvida, da *Narrative of A. Gordon Pym*. A própria impessoal cor branca não é mallarmeana? (Creio que Poe preferiu essa cor por intuições ou razões idênticas às declaradas depois por Melville no capítulo "The Whiteness of the Whale" de sua também esplêndida alucinação *Moby Dick*.) Impossível exibir ou analisar aqui o romance inteiro, e limito-me a traduzir um traço exemplar, subordinado — como todos — ao secreto argumento. Trata-se da obscura tribo que mencionei e dos riachos de sua ilha. Determinar que sua água era vermelha ou azul teria sido recusar excessivamente toda possibilidade de brancura. Poe resolve esse problema assim, enriquecendo-nos: "Primeiro nos negamos a prová-la, supondo que estivesse estragada. Ignoro como dar uma idéia justa de sua natureza, e não o conseguirei sem muitas palavras. Apesar de correr com rapidez por qualquer desnível, nunca parecia límpida, salvo ao despenhar-se num salto. Em casos de pouco declive, era tão consistente como uma infusão espessa de goma-arábica, feita em água comum. Esta, no entanto, era a menos singular de suas qualidades. Não era incolor nem era de cor invariável, já que sua fluência propunha aos olhos todos os matizes da púrpura, como os tons de uma seda furta-cor. Deixamos que assentasse numa vasilha e comprovamos que toda a massa do líquido estava separada em diversos veios, cada um de um tom particular, e que esses veios não se misturavam. Se a lâmina de uma faca fosse passada ao longo de seus veios, a água se fechava imediatamente, e ao se retirar a lâmina o rastro desapareceria. Em compensação, quando a lâmina era inserida com precisão entre dois desses veios, ocorria uma perfeita separação, que depois não se emendava".

É legítimo deduzir do anterior que o problema central da arte romanesca é a causalidade. Uma das variantes do gênero, o moroso romance de personagem, imagina ou dispõe uma concatenação de motivos que se propõem não diferir daqueles do mundo real. Esse caso, no entanto, não é o mais comum. No romance de contínuas vicissitudes, essa motivação é improcedente, como ocorre no relato de breves páginas e no infinito romance espetacular que Hollywood compõe com os prateados *idola* de Joan Crawford e que as cidades relêem. São regidos por uma ordem muito diversa, lúcida e atávica. A primitiva claridade da magia.

Esse procedimento ou ambição dos antigos homens foi submetido por Frazer a uma conveniente lei geral, a da simpatia, que postula um vínculo inevitável entre coisas distantes, seja porque sua figura é igual — magia imitativa, homeopática —, seja pela existência de uma proximidade anterior — magia contagiosa. Encontramos uma ilustração da segunda no ungüento curativo de Kenelm Digby, que se aplicava não ao enfaixado ferimento, mas ao aço delinqüente que o causou — enquanto aquele, sem o rigor de bárbaros tratamentos, ia cicatrizando. Da primeira os exemplos são infinitos. Os peles-vermelhas do Nebraska revestiam couros rangentes de bisão com a cornadura e a crina, e martelavam dia e noite sobre o deserto uma dança tormentosa, para chamar os bisões. Os feiticeiros da Austrália central causam um ferimento no antebraço que faz o sangue correr, para que o céu imitativo ou coerente também se dessangre em chuva. Os malaios da península costumam atormentar ou denegrir uma imagem de cera, para que seu original pereça. As mulheres estéreis de Sumatra cuidam de uma criança de madeira e a enfeitam, para que seu ventre seja fecundo. Por iguais razões de analogia, a raiz amarela da cúrcuma serviu para combater a icterícia, e a infusão de urtigas deve ter combatido a urticária. É impossível enumerar o catálogo inteiro desses atrozes ou irrisórios exemplos; creio, no entanto, ter citado o suficiente para demonstrar que a magia é a coroação ou o pesadelo do causal, não sua contradição. O milagre não é menos forasteiro nesse universo que no dos astrônomos. Todas as leis naturais o regem, e outras imaginárias. Para o supersticioso, há uma conexão necessária não só entre um tiro e um morto mas também entre um morto e uma maltratada efígie de cera ou a quebra profética de um espelho ou o sal entornado ou treze comensais terríveis.

Essa perigosa harmonia, essa frenética e precisa causalidade, também tem vigência dentro do romance. Os historiadores sarracenos, dos quais o doutor José Antonio Conde traduziu sua *Historia de la dominación de los árabes en España*, não escrevem que seus reis e califas morreram, mas: "Foi conduzido às recompensas e prêmios" ou "Passou à misericórdia do Poderoso" ou "Esperou o destino tantos anos, tantas luas e tantos dias". Esse receio de que um fato temível possa ser atraído por sua menção é impertinente ou inútil na desordem asiática do mundo real, não num romance, que deve ser um jogo preciso de vigilâncias, ecos e afinidades. Todo episódio, num relato cuidadoso, é de projeção ulterior. Assim, numa das fantasmagorias de Chesterton, um desconhecido empurra um desconhecido para que um caminhão não o atropele, e essa violência necessária, mas alarmante, prefigura seu ato final de declará-lo insano para que não possam executá-lo por um crime. Em outra, uma perigosa e vasta conspiração integrada por um único homem (com o socorro de barbas, máscaras e pseudônimos) é anunciada com tenebrosa exatidão no dístico:

*As all stars shrivel in the single sun,*
*The words are many, but The Word is one*

que depois se decifra, com permutação de maiúsculas:

*The words are many, but the word is One.*

Numa terceira, a *maquette* inicial — a simples menção de um índio que atira sua faca em outro e o mata — é o estrito reverso do argumento: um homem apunhalado por seu amigo com uma flecha, no alto de uma torre. Faca voadora, flecha que se deixa empunhar. Longa repercussão têm as palavras. Já assinalei uma vez que só a menção preliminar dos bastidores cênicos contamina de incômoda irrealidade as figurações do amanhecer, do pampa, do anoitecer, que Estanislao del Campo intercalou no *Fausto*. Essa teleologia de palavras e de episódios é onipresente também nos bons filmes. No início de *The Showdown*, alguns aventureiros jogam uma prostituta nas cartas, ou seu turno; ao terminar, um deles jogou a posse da mulher que deseja. O diálogo inicial de *Paixão e sangue* versa sobre a delação, a primeira cena é um tiroteio numa avenida; esses traços são premonitórios do assunto central. Em *Desonrada* há temas recorrentes: a espada, o beijo, o gato, a traição, as uvas, o piano. Mas a ilustração mais cabal de um orbe autônomo de corroborações, de presságios, de monumentos, é o predestinado *Ulisses* de Joyce. Basta examinar o livro expositivo de Gilbert ou, em sua falta, o vertiginoso romance.

Procuro resumir o anterior. Distingui dois processos causais: o natural, que é o resultado incessante de incontroláveis e infinitas operações; o mágico, em que os pormenores profetizam, lúcido e limitado. No romance, penso que a única honradez possível está no segundo. Que fique o primeiro para a simulação psicológica.

1932

# paul groussac

Verifiquei em minha biblioteca dez tomos de Groussac. Sou um leitor hedonista: jamais consenti que meu sentimento do dever interferisse em inclinação tão pessoal como a aquisição de livros, nem lancei a sorte duas vezes com autor intratável, eludindo um livro anterior com um livro novo, nem comprei livros — grosseiramente — aos montes. Essa perseverante dezena evidencia, pois, a contínua legibilidade de Groussac, a condição que em inglês se chama *readableness*. Em espanhol é virtude raríssima: todo estilo escrupuloso contagia os leitores com uma sensível porção da doença com que foi trabalhado. Além de Groussac, só em Alfonso Reyes comprovei igual ocultação ou invisibilidade do esforço.

O elogio, apenas, não é iluminativo; precisamos de uma definição de Groussac. A tolerada ou recomendada por ele — a de considerá-lo mero viajante da discrição de Paris, um missionário de Voltaire entre os mulatos — deprecia a nação que o afirma e o homem que se pretende realçar, subordinando-o a empregos tão escolares. Nem Groussac foi um homem clássico — essencialmente José Hernández o foi muito mais — nem foi necessária essa

94

pedagogia. Por exemplo: o romance argentino não é ilegível por faltar-lhe mesura, mas por falta de imaginação, de fervor. Posso dizer o mesmo de nosso viver em geral. É evidente que houve em Paul Groussac outra coisa além das repreensões do professor, da santa cólera da inteligência diante da inaptidão aclamada. Houve um prazer desinteressado no desdém. Seu estilo se acostumou a desprezar, creio que sem maior desconforto para quem o exercia. O *facit indignatio versum* não nos diz a razão de sua prosa: mortal e punitiva mais de uma vez, como em certa causa célebre de *La Biblioteca*, mas em geral reservada, cômoda na ironia, retrátil. Soube depreciar bem, até com carinho; foi impreciso ou inconvincente para elogiar. Basta percorrer as pérfidas e belas conferências que tratam de Cervantes e depois a vaga apoteose de Shakespeare; basta cotejar essa boa ira — "Lamentaríamos que a circunstância de ter-se posto à venda o arrazoado do doutor Piñero fosse um obstáculo sério para sua difusão, e que este amadurecido fruto de um ano e meio de vagar diplomático se limitasse a causar 'impressão' na casa de Coni. Isso não acontecerá, com a graça de Deus, e, pelo menos enquanto depender de nós, não se cumprirá tão melancólico destino" — com estas ignomínias ou incontinências: "Depois do dourado triunfo das messes que ao chegar presenciara, o que agora contemplo, nos horizontes esfumados pela névoa azul, é a festa alegre da vindima, que envolve numa imensa guirlanda de saudável poesia a rica prosa dos lagares e fábricas. E longe, muito longe dos estéreis bulevares e seus teatros enfermiços, senti de novo sob meus pés o estremecimento da antiga Cibele, eternamente fecunda e jovem, para quem o repousado inverno não passa da gestação da primavera próxima...". Ignoro se será possível deduzir que ele requisitava o bom gosto com fins exclusivos de terrorismo, e o mau para uso pessoal.

Não há morte de escritor sem a imediata formulação de um problema fictício, que reside em indagar — ou profetizar — que parte de sua obra permanecerá. Esse problema é generoso, já que postula a possível existência de fatos intelectuais eternos, além da pessoa ou circunstâncias que os produziram; mas também é ruim, porque parece farejar corrupções. Afirmo que o problema da imortalidade é, principalmente, dramático. Persiste o homem total, ou desaparece. Os equívocos não prejudicam: se são característicos, são preciosos. Groussac, pessoa inconfundível, Renan, queixoso de sua glória inalcançável, não podem deixar de permanecer. Sua mera imortalidade sulamericana corresponderá à inglesa de Samuel Johnson: os dois autoritários, doutos, mordazes.

A incômoda sensação de que nas primeiras nações da Europa ou na América do Norte ele teria sido um escritor quase imperceptível fará com que muitos argentinos lhe neguem primazia em nossa desmantelada república. Ela, no entanto, lhe pertence.

1929

# a duração
# do inferno

Especulação que se foi gastando com o tempo, essa do Inferno. Os próprios pregadores o negligenciam, quem sabe privados da pobre, mas serviçal, alusão humana que as fogueiras eclesiásticas do Santo Ofício eram neste mundo: um tormento temporal, sem dúvida, mas não indigno, dentro das limitações terrenas, de ser uma metáfora do imortal, da dor perfeita sem destruição, que os herdeiros da ira divina conhecerão para sempre. Seja ou não satisfatória essa hipótese, é indiscutível um cansaço geral na propaganda desse estabelecimento. (Que ninguém se assuste: o termo *propaganda* não é de genealogia comercial, mas católica; é uma reunião de cardeais.) No século II, o cartaginês Tertuliano podia imaginar o Inferno e prever seu funcionamento com este discurso: "Agradam-vos as representações; pois esperai a maior, o Juízo Final. Qual não será minha admiração, que gargalhadas, que celebrações, que júbilo, ao ver tantos reis soberbos e deuses enganosos sofrendo na prisão mais ínfima das trevas; quantos magistrados que perseguiram o nome do Senhor, derretendo em fogueiras mais ferozes do que as que jamais foram atiçadas contra os cristãos; quantos filósofos sérios rubificando-se nas fogueiras vermelhas com seus iludidos ouvintes; quantos poetas aclamados tremendo, não diante do tribunal de Midas, mas do de Cristo; quantos atores trágicos, agora mais eloqüentes na manifestação de um tormento tão genuíno..." (*De Spectaculis*, 30; citação e versão de Gibbon). O próprio Dante, em sua grande tarefa de prever de modo anedótico algumas decisões da justiça divina relacionadas com o Norte da Itália, ignora tal entusiasmo. Depois, os infernos literários de Quevedo — mera oportunidade espirituosa de anacronismos — e de Torres Villarroel — mera oportunidade de metáforas — só evidenciarão a crescente usura do dogma. A decadência do Inferno aparece neles quase como em Baudelaire, já tão incrédulo dos tormentos eternos que finge adorá-los. (Uma etimologia significativa deriva o inócuo verbo francês *gêner* da poderosa palavra da Escritura *gehenna*.)

Passo a considerar o Inferno. O artigo distraído e pertinente do *Diccionario enciclopédico hispanoamericano* é de leitura útil, não por suas indigentes notícias ou por sua espavorida teologia de sacristão, mas pela perplexidade que deixa entrever. Começa por observar que a noção de inferno não é exclusiva da Igreja católica, precaução cujo sentido intrínseco é: "Que os maçons não venham dizer que essas brutalidades foram introduzidas pela Igreja", mas se lembra ato contínuo de que o Inferno é dogma, e acrescenta com certa pressa: "É glória imarcescível do cristianismo atrair para si todas as verdades que estavam disseminadas entre as falsas religiões". Seja o Inferno um dado da religião natural ou apenas da religião revelada, a verdade é que nenhum outro tema da teologia tem para mim igual fascínio e poder. Não me re-

98

firo à mitologia simplíssima de cortiço — esterco, espetos, fogo e tenazes — que foi vegetando a seus pés e que todos os escritores repetiram, para desonra de sua imaginação e de sua decência.[1] Refiro-me à estrita noção — "lugar de castigo eterno para os maus" — que constitui o dogma, sem outra obrigação que a de situá-lo *in loco reali*, num lugar preciso, e *a beatorum sede distincto*, diverso do que habitam os eleitos. Imaginar o contrário seria sinistro. No capítulo qüinquagésimo de sua *História*, Gibbon quer despossuir de maravilhas o Inferno, e escreve que os dois vulgaríssimos ingredientes de fogo e de escuridão bastam para criar uma sensação de dor, que pode ser infinitamente agravada pela idéia de uma perduração sem fim. Esse reparo rabugento talvez prove que a preparação de infernos é fácil, mas não diminui o espanto admirável de sua invenção. O atributo de eternidade é o horroroso. O de continuidade — o fato de que a perseguição divina carece de intervalos, de que no Inferno não há sonho — é ainda pior, mas impossível de ser imaginado. A eternidade da pena é o que está em questão.

Há dois argumentos importantes e belos para invalidar essa eternidade. O mais antigo é o da imortalidade condicional ou aniquilação. A imortalidade, expõe esse compreensível arrazoado, não é atributo da natureza humana

---

1 No entanto, o *amateur* de infernos fará bem em não descuidar dessas honrosas infrações: o inferno sabeíta, com quatro vestíbulos superpostos que admitem filetes de água suja no chão, mas cujo recinto principal é amplo, empoeirado, sem ninguém; o inferno de Swedenborg, cuja lugubridade não é notada pelos condenados que renegaram o céu; o inferno de Bernard Shaw (*Man and Superman*, pp. 86-137), que distrai inutilmente sua eternidade com os artifícios do luxo, da arte, da erótica e do renome.

caída, é dom de Deus em Cristo. Não pode ser mobilizada, portanto, contra o mesmo indivíduo a quem é outorgada. Não é uma maldição, é um dom. Quem a merece a merece com céu; quem se prova indigno de recebê-la, "morre para morrer", como escreve Bunyan, morre, sem mais. O inferno, segundo essa piedosa teoria, é o nome humano blasfematório do esquecimento de Deus. Um de seus propagadores foi Whately, o autor do opúsculo de famosa lembrança: *Dúvidas históricas sobre Napoleão Bonaparte.* Especulação mais curiosa é a apresentada pelo teólogo evangélico Rothe, em 1869. Seu argumento — enobrecido também pela secreta misericórdia de negar o castigo infinito dos condenados — observa que eternizar o castigo é eternizar o Mal. Deus, afirma ele, não pode querer essa eternidade para Seu universo. Insiste no escândalo de supor que o homem pecador e o diabo caçoem para sempre das benévolas intenções de Deus. (A teologia sabe que a criação do mundo é obra de amor. O termo *predestinação*, para ela, refere-se à predestinação para a glória; a reprovação é simplesmente o oposto, é uma não-eleição traduzível em pena infernal, mas que não constitui um ato especial da bondade divina.) Defende, enfim, uma vida decrescente, minguante, para os réprobos. E os antevê saqueando pelas margens da Criação, pelos desvãos do espaço infinito, mantendo-se com sobras de vida. Conclui deste modo: "Como os demônios estão incondicionalmente afastados de Deus e são seus inimigos incondicionais, sua atividade é contra o reino de Deus, e os organiza em reino diabólico, que deve naturalmente eleger um chefe. A cabeça desse governo demoníaco — o Diabo — deve ser imaginada como cambiante. Os indivíduos que assumem o trono desse reino sucumbem à fantasmagoria de seu ser, mas se renovam entre a descendência diabólica" (*Dogmatik*, I, 248).

Chego à parte mais inverossímil de minha tarefa: as razões elaboradas pela humanidade a favor da eternidade do Inferno. Vou resumi-las em ordem crescente de significação. A primeira é de índole disciplinar: postula que a temibilidade do castigo está precisamente em sua eternidade e que colocá-la em dúvida é invalidar a eficácia do dogma e fazer o jogo do Diabo. É argumento de ordem policial, e não creio que mereça refutação. O segundo prescreve: "A pena deve ser infinita porque a culpa o é, por atentar contra a majestade do Senhor, que é Ser infinito". Observou-se que essa demonstração é tão probatória que podemos inferir que não prova nada: prova que não há culpa venial, que todas as culpas são imperdoáveis. Eu acrescentaria que é um caso perfeito de frivolidade escolástica e que seu equívoco é a pluralidade de sentidos do termo *infinito*, que aplicado ao Senhor quer dizer *incondicionado*, e a pena quer dizer *incessante*, e a culpa, nada que eu possa entender. Além do mais, argumentar que uma falta é infinita por atentar contra Deus, que é Ser infinito, é como argumentar que é santa porque Deus o é, ou como pensar que as injúrias dirigidas a um tigre devem ser rajadas.

Agora se levanta sobre mim o terceiro dos argumentos, o único. Talvez se escreva assim: "Há eternidade de céu e de inferno porque a dignidade do livre-arbítrio assim o pede; ou temos a faculdade de agir para sempre ou este eu é uma delusão". A virtude desse raciocínio não é lógica, é muito mais: é inteiramente dramática. Impõe-nos um jogo terrível, concede-nos o direito atroz de nos perdermos, de insistirmos no mal, de recusarmos as operações da graça, de sermos alimento do fogo que não finda, de fazermos Deus fracassar em nosso destino, do corpo sem claridade no eterno e do *detestabile cum cacodaemonibus consortium*. Teu destino é coisa verdadeira, nos diz, condenação eterna e salvação eterna estão em teu minuto; essa responsabilidade é tua honra. É um sentimento parecido ao de Bunyan: "Deus não brincou ao convencer-me, o demônio não brincou ao me tentar, nem eu brinquei ao mergulhar como num abismo sem fundo, quando as aflições do inferno se apoderaram de mim; tampouco devo brincar agora ao contá-las" (*Grace Abounding to the Chief of Sinners; The Preface*).

Creio que em nosso impensável destino, em que vigoram infâmias como a dor carnal, toda coisa estapafúrdia é possível, até a perpetuidade de um Inferno, mas também acredito que é uma irreligiosidade acreditar nele.

\*

*Pós-escrito*. Nesta página de mera notícia, posso comunicar também a de um sonho. Sonhei que saía de outro — povoado de cataclismos e de tumultos — e que acordava num cômodo irreconhecível. Clareava: uma difusa luz geral definia o pé da cama de ferro, a cadeira estrita, a porta e a janela fechadas, a mesa em branco. Pensei com medo, *onde estou?*, e compreendi que não sabia. Pensei, *quem sou?*, e não pude me reconhecer. O medo cresceu em mim. Pensei: Esta vigília desconsolada já é o Inferno, esta vigília sem destino será minha eternidade. Então acordei de verdade: tremendo.

# as versões homéricas

Nenhum problema tão consubstancial com as letras e seu modesto mistério como o que propõe uma tradução. Um esquecimento animado pela vaidade, o temor de confessar processos mentais que adivinhamos perigosamente comuns, o esforço para manter intacta e central uma reserva incalculável de sombra velam as tais escrituras diretas. A tradução, por sua vez, parece destinada a ilustrar a discussão estética. O modelo proposto à sua imitação é um texto visível, não um labirinto inestimável de projetos pretéritos ou a acatada tentação momentânea de uma facilidade. Bertrand Russell define um objeto externo como um sistema circular, irradiante, de impressões possíveis; pode-se dizer o mesmo de um texto, em face das repercussões incalculáveis do verbal. Um parcial e precioso documento das vicissitudes que sofre permanece em suas traduções. O que são as várias versões da *Ilíada*, de Chapman a Magnien, senão diversas perspectivas de um fato móvel, senão um longo lance experimental de omissões e de ênfases? (Não há necessidade essencial de mudar de idioma, esse deliberado jogo da atenção não é impossível no interior de uma mesma literatura.) Pressupor que toda recombinação de elementos é obrigatoriamente inferior a seu original é pressupor que o rascunho 9 é obrigatoriamente inferior ao rascunho H — já que não pode haver senão rascunhos. O conceito de *texto definitivo* não corresponde senão à religião ou ao cansaço. A superstição da inferioridade das traduções — amoedada no consabido adágio italiano — procede de uma distraída experiência. Não há um bom texto que não pareça invariável e definitivo se o praticamos um número suficiente de vezes. Hume identificou a idéia habitual de causalidade com a sucessão. Assim, um bom filme, visto uma segunda vez, parece ainda melhor; tendemos a considerar necessidade o que não passa de repetição. Com os livros famosos, a primeira vez já é segunda, posto que já os abordamos sabendo-os. A precavida e corriqueira frase *reler os clássicos* se reveste de inocente veracidade. Já não sei se o relato: "En un lugar de la Mancha, de cuyo nombre no quiero acordarme, no ha mucho tiempo que vivía un hidalgo de los de lanza en astillero, adarga antigua, rocín flaco y galgo corredor", é bom para uma divindade imparcial; sei apenas que toda modificação é sacrílega e que não consigo imaginar outro começo para o *Quixote*. Cervantes, creio, prescindiu dessa leve superstição, e talvez não tivesse identificado esse parágrafo. Eu, em compensação, só poderei rejeitar toda divergência. O *Quixote*, graças a meu exercício congênito do espanhol, é um monumento uniforme, sem outras variações que as deparadas pelo editor, o encadernador e o tipógrafo; a *Odisséia*, graças a meu oportuno desconhecimento do grego, é uma biblioteca internacional de obras em prosa e verso, desde os versos de rimas emparelhadas de Chapman até a *Authorized Version* de Andrew Lang ou o drama clássico francês de Bérard ou a *saga* vigorosa de Morris ou o irônico romance burguês de Samuel Butler. Sou generoso na menção de nomes ingleses porque as letras da Inglaterra sempre conviveram com essa epopéia do mar, e a série de suas versões da *Odisséia* bastaria para ilustrar seu curso de séculos. Essa riqueza heterogênea e mesmo contraditória não é aplicável especialmente à evolução do inglês ou à mera extensão do original ou aos desvios ou à diversa capacidade dos tradutores, mas a esta circunstância, que deve ser exclusiva de Homero: a dificuldade categórica de saber o que pertence ao poeta e o que pertence à linguagem. A essa dificuldade feliz devemos a possibilidade de tantas versões, todas sinceras, genuínas e divergentes.

Não conheço exemplo melhor que o dos adjetivos homéricos. O divino Pátroclo, a terra sustentadora, o mar vinoso, os cavalos solípedes, as ondas molhadas, o lenho negro, o negro sangue, os amados joelhos, são expressões que recorrem, comovedoramente a destempo. Num lugar, fala-se "dos ricos varões que bebem a água negra do Esepo"; noutro, de um rei trágico, que, infeliz em Tebas, a deliciosa, governou os cadmeus, por determinação fatal dos deuses". Alexander Pope (cuja tradução faustuosa de Homero interrogaremos depois) acreditou que esses epítetos inamovíveis eram de caráter litúrgico. Remy de Gourmont, em seu longo ensaio sobre o estilo, escreve que devem ter sido encantadores algum dia, embora não o sejam mais. Preferi imaginar que esses fiéis epítetos eram o que ainda são as preposições: obrigatórios e modestos sons que o uso acrescenta a certas palavras e sobre os quais não se pode exercer a originalidade. Sabemos que o correto é construir *andar a pé*, não *por pé*. O rapsodo sabia que o correto era adjetivar *divino Pátroclo*. Em nenhum caso haveria propósito estético. Faço essas conjecturas sem entusiasmo; a única certeza é a impossibilidade de separar o que pertence ao escritor do que pertence à linguagem. Quando lemos em Agustín Moreto (se resolvermos ler Agustín Moreto):

> *Pues en casa tan compuetas*
> *¿Qué hacen todo el santo día?**

sabemos que a santidade desse dia é ocorrência do idioma e não do escritor. Já de Homero ignoramos infinitamente as ênfases. Para um poeta lírico ou elegíaco, essa nossa incerteza de suas intenções teria sido aniquiladora, mas não para um expositor pontual de vastos argumentos. Os fatos da *Ilíada* e da *Odisséia* sobrevivem com plenitude, mas desapareceram Aquiles e Ulisses, o que Homero imaginava ao nomeá-los e o que na realidade pensou deles. O presente estado de suas obras parece o de uma complicada equação que registra relações precisas entre quantidades incógnitas. Não há maior riqueza possível para os que traduzem. O livro mais famoso de Browning consta de dez informações detalhadas de um único crime, segundo os implicados nele. Todo o contraste deriva dos personagens, não dos fatos, e é quase tão intenso e tão abismal quanto o de dez versões justas de Homero.

A bela discussão Newman-Arnold (1861-62), mais importante que seus dois interlocutores, discorreu extensamente sobre os dois modos básicos de traduzir. New-

---

* Pois em casa tão compostas/ O que fazem todo santo dia?

man defendeu o modo literal, a manutenção de todas as singularidades verbais; Arnold, a severa eliminação dos detalhes que distraem ou detêm, a subordinação do sempre irregular Homero de cada linha ao Homero essencial ou convencional, feito de simplicidade sintática, de simplicidade de idéias, de rapidez que flui, de altura. Esta conduta pode fornecer os agrados da uniformidade e da seriedade; aquela, dos contínuos e pequenos assombros. Passo a considerar alguns destinos de um único texto homérico. Examino os fatos comunicados por Ulisses ao espectro de Aquiles, na cidade dos cimérios, na noite incessante (*Odisséia*, XI). Trata-se de Neoptólemo, o filho de Aquiles. A versão literal de Buckley é esta: "Mas ao saquearmos a alta cidade de Príamo, tendo sua porção e prêmio excelente, incólume embarcou numa nau, nem maltratado pelo bronze afiado nem ferido ao combater corpo a corpo, como é tão comum na guerra; porque Marte confusamente delira". A dos também literais mas arcaizantes Butcher e Lang: "Mas, uma vez saqueada a escarpada cidade de Príamo, embarcou ileso com sua parte do despojo e com um nobre prêmio; não foi destruído pelas lanças agudas nem teve ferimentos no cerrado combate: e muitos tais riscos há na guerra, porque Ares enlouquece confusamente". A de Cowper, de 1791: "Por fim, depois que saqueamos a sublevada vila de Príamo, carregado de abundantes despojos seguro embarcou, nem por lança ou venábulo em nada ofendido, nem na refrega pelo fio dos alfanjes, como na guerra costuma acontecer, em que os ferimentos são repartidos promiscuamente, segundo a vontade do fogoso Marte". A que em 1725 Pope dirigiu: "Quando os deuses coroaram de conquista as armas, quando os soberbos muros de Tróia fumegaram por terra, a Grécia, para recompensar as galhardas fadigas de seu soldado, cumulou sua armada de incontáveis despojos. Assim, grande de glória, voltou seguro do estrondo marcial, sem uma cicatriz hostil, e embora as lanças se fechassem à sua volta em tormentas de ferro, seu jogo inútil foi inocente de ferimentos". A de George Chapman, de 1614: "Despovoada Tróia, a alta, ascendeu a seu belo navio, com grande provisão de presa e de tesouro, seguro e sem levar nem um rastro de lança que se atira de longe ou de perigosa espada, cujos ferimentos são favores que a guerra concede, que ele (embora solicitado) não encontrou. Nas cerradas batalhas, Marte não costuma contender: enlouquece". A de Butler, que é de 1900: "Uma vez ocupada a cidade, ele pôde apanhar e embarcar sua parte de benefícios havidos, que era uma forte soma. Saiu sem um arranhão de toda essa perigosa campanha. Já se sabe: tudo está em ter sorte".

As duas versões do início — as literais — podem comover por uma série de motivos: a menção reverencial do saque, o ingênuo esclarecimento de que as pessoas costumam machucar-se na guerra, a súbita reunião das infinitas desordens da batalha num único deus, o fato da loucura no deus. Outros elementos subalternos também colaboram: num dos textos que transcrevo, o bom pleonasmo de "embarcar num barco"; noutro, o uso da conjunção aditiva pela causal,[1] em "e muitos tais riscos há na guerra". A terceira versão — a de Cowper — é a mais

---

1 Outro hábito de Homero é o bom abuso das conjunções adversativas. Dou alguns exemplos:

"Morre, mas eu receberei meu destino onde aprouver a Zeus e aos demais deuses imortais." *Ilíada*, XXII.

inócua de todas: é literal, até onde os deveres da inflexão miltoniana o permitem. A de Pope é extraordinária. Seu luxuoso dialeto (como o de Góngora) deixa-se definir pelo uso desconsiderado e mecânico dos superlativos. Por exemplo: a solitária nave negra do herói se multiplica em esquadra. Sempre subordinadas a essa amplificação geral, todas as linhas de seu texto caem em duas grandes classes: umas, na puramente oratória — "Quando os

"Astíoque, filha de Actor: uma virgem modesta quando ascendeu à parte superior da morada de seu pai, mas o deus abraçou-a secretamente." *Ilíada*, II.

"(Os mirmidões) eram como lobos carnívoros, em cujos corações há força, que tendo derrubado nas montanhas um grande cervo galhado, dilacerando-o o devoram; mas os focinhos de todos estão vermelhos de sangue." *Ilíada*, XVI.

"Rei Zeus, dodoneu, pelasgo, que preside longe daqui sobre a invernal Dodona; mas ao redor moram teus ministros, que têm os pés sem lavar e dormem no chão." *Ilíada*, XVI.

"Mulher, alegra-te com nosso amor, e quando o ano virar darás filhos gloriosos à luz — porque os feitos dos imortais não são em vão —, mas assiste-os. Vai-te agora a tua casa e não o reveles, mas sou Poseidon, estremecedor da terra." *Odisséia*, XI.

"Depois percebi o vigor de Hércules, uma imagem; mas ele entre os deuses imortais se alegra com banquetes, e tem Hebe, a dos belos tornozelos, filha do poderoso Zeus e de Hera, a de sandálias que são de ouro." *Odisséia*, XI.

Acrescento a vistosa tradução que George Chapman fez desta última passagem:

> *Down with these was thrust*
> *The idol of the force of Hercules,*
> *But his firm self did no such fate oppress.*
> *He feasting lives amongst th'Immortal States*
> *White-ankled Hebe and himself made mates*
> *In heav'nly nuptials. Hebe, Jove's dear race*
> *And Juno's whom the golden sandals grace.*

deuses coroaram de conquista as armas" —; outras, na visual: "Quando os soberbos muros de Tróia fumegaram por terra". Discursos e espetáculos: esse é Pope. Também é espetacular o ardente Chapman, mas seu movimento é lírico, não oratório. Butler, por sua vez, demonstra sua determinação de eludir todas as oportunidades visuais e de resolver o texto de Homero numa série de notícias tranqüilas. Qual dessas muitas traduções é fiel? talvez queira saber meu leitor. Repito que nenhuma, ou que todas. Se a fidelidade deve ser prestada às imaginações de Homero, aos irrecuperáveis homens e dias que ele imaginou, nenhuma pode sê-lo para nós; todas, para um grego do século x. Se aos propósitos que ele teve, qualquer uma das muitas que transcrevi, salvo as literais, que extraem toda sua virtude do contraste com hábitos presentes. Não é impossível que a versão morna de Butler seja a mais fiel.

1932

# a perpétua corrida de aquiles e da tartaruga

As implicações da palavra *jóia* — valiosa pequenez, delicadeza que não está sujeita à fragilidade, facilidade máxima de translação, limpidez que não exclui o impenetrável, flor para os anos — tornam seu uso legítimo aqui. Não conheço melhor qualificação para o paradoxo de Aquiles, tão indiferente às decisivas refutações que há mais de vinte e três séculos o derrogam, que já podemos saudá-lo como imortal. As reiteradas visitas do mistério que essa perduração postula, as sutis ignorâncias a que a humanidade foi por ela convidada são generosidades que não podemos deixar de lhe agradecer. Vamos vivê-lo outra vez, ao menos para convencer-nos de perplexidade e arcano íntimo. Penso dedicar algumas páginas — alguns minutos compartilhados — à sua apresentação e à de suas mais famosas ressalvas. Sabe-se que seu inventor foi Zenão de Eléia, discípulo de Parmênides, negador de que algo pudesse acontecer no universo.

A biblioteca me oferece um par de versões do glorioso paradoxo. A primeira é a do hispaníssimo *Diccionario hispanoamericano*, em seu vigésimo terceiro volume, e se limita a esta cautelosa notícia: "O movimento não existe:

Aquiles não poderia alcançar a preguiçosa tartaruga". Declino essa reserva e busco a menos apressada exposição de G. H. Lewes, cuja *Biographical History of Philosophy* foi a primeira leitura especulativa que abordei, por vaidade, talvez, ou por curiosidade. Escrevo assim sua exposição: Aquiles, símbolo de rapidez, tem de alcançar a tartaruga, símbolo de morosidade. Aquiles corre dez vezes mais rápido que a tartaruga e lhe dá dez metros de vantagem. Aquiles corre esses dez metros, a tartaruga corre um; Aquiles corre esse metro, a tartaruga corre um decímetro; Aquiles corre esse decímetro, a tartaruga corre um centímetro; Aquiles corre esse centímetro, a tartaruga um milímetro; Aquiles o milímetro, a tartaruga um décimo de milímetro, e assim infinitamente, de modo que Aquiles pode correr para sempre sem alcançá-la. Tal é o paradoxo imortal.

Passo às chamadas refutações. As mais antigas — a de Aristóteles e a de Hobbes — estão implícitas na formulada por Stuart Mill. O problema, para ele, não passa de um exemplo, entre tantos outros, da falácia de confusão. Acredita, com esta distinção, suprimi-lo:

"Na conclusão do sofisma, *para sempre* quer dizer qualquer lapso de tempo imaginável; nas premissas, qualquer número de subdivisões de tempo. Significa que podemos dividir dez unidades por dez, e o quociente outra vez por dez, quantas vezes quisermos, e que as subdivisões do percurso não têm fim, nem, por conseguinte, as do tempo em que se realiza. Mas um número ilimitado de subdivisões pode se efetuar com o que é limitado. O argumento só prova a infinitude de duração contida em cinco minutos. Enquanto os cinco minutos não tiverem passado, o que falta pode ser dividido por dez, e outra vez por dez, e quantas vezes desejarmos, o que é compatível com o fato de que a duração total seja cinco minutos. Prova, em suma, de que atravessar esse espaço finito requer um tempo infinitamente divisível, mas não infinito." (Mill, *Sistema de lógica*, livro quinto, capítulo sete.)

Não posso prever a opinião do leitor, mas estou sentindo que a refutação elaborada por Stuart Mill não passa de uma exposição do paradoxo. Basta fixar a velocidade de Aquiles a um segundo por metro, para estabelecer o tempo de que necessita.

$$10 + 1 + \frac{1}{10} + \frac{1}{100} + \frac{1}{1.000} + \frac{1}{10.000} \ldots$$

O limite da soma desta infinita progressão geométrica é doze (mais exatamente, onze e um quinto; mais exatamente, onze e três vinte e cinco avos), mas não é alcançado nunca. Ou seja, o trajeto do herói será infinito e este correrá para sempre, mas sua rota se extenuará antes de doze metros, e sua eternidade não verá o término de doze segundos. Essa dissolução metódica, essa ilimitada queda em precipícios cada vez mais minúsculos, não é realmente hostil ao problema: é imaginá-lo bem. Não esqueçamos tampouco de comprovar que os corredores decrescem, não só pela diminuição visual da perspectiva, mas pela diminuição admirável a que os obriga a ocupação de lugares microscópicos. Notemos também que esses precipícios encadeados corrompem o espaço, e com maior vertigem o tempo vivo, em sua dupla perseguição desesperada da imobilidade e do êxtase.

Outra tentativa de refutação foi a comunicada em 1910 por Henri Bergson, com o notório *Ensaio sobre os da-*

*dos imediatos da consciência*: o próprio nome já é uma petição de princípios. Aqui está sua página:

"Por um lado, atribuímos ao movimento a própria divisibilidade do espaço que percorre, esquecendo que se pode dividir bem um objeto, mas não um ato; por outro, habituamo-nos a projetar esse mesmo ato no espaço, a aplicá-lo à linha que percorre o móvel, a solidificá-lo, numa palavra. Desta confusão entre o movimento e o espaço percorrido nascem, em nossa opinião, os sofismas da escola de Eléia; porque o intervalo que separa dois pontos é infinitamente divisível, e se o movimento se compusesse de partes como as do intervalo, jamais o intervalo seria transposto. Mas a verdade é que cada um dos passos de Aquiles é um indivisível ato simples, e que, depois de determinado número desses atos, Aquiles teria ultrapassado a tartaruga. A ilusão dos eleatas provinha da identificação dessa série de atos individuais *sui generis* com o espaço homogêneo que os apóia. Como esse espaço pode ser dividido e recomposto segundo uma lei qualquer, acreditaram-se autorizados a refazer o movimento total de Aquiles, não mais com passos de Aquiles, mas com passos de tartaruga. Substituíram Aquiles perseguindo uma tartaruga, na realidade, por duas tartarugas dispostas uma sobre a outra, duas tartarugas de acordo em dar o mesmo tipo de passos ou de atos simultâneos, para jamais se alcançarem. Por que Aquiles ultrapassa a tartaruga? Porque cada um dos passos de Aquiles e cada um dos passos da tartaruga são indivisíveis enquanto movimentos, e magnitudes distintas enquanto espaço: de sorte que não tardará em dar-se a soma, para o espaço percorrido por Aquiles, como uma longitude superior à soma do espaço percorrido pela tartaruga e da vantagem que tinha em relação a ele. É o que Zenão desconsidera quando recompõe o movimento de Aquiles, segundo a mesma lei que rege o movimento da tartaruga, esquecendo que só o espaço se presta a um modo de composição e decomposição arbitrárias, e confundindo-o, assim, com o movimento." (*Datos inmediatos*, versão espanhola de Barnés, pp. 89-90. Corrijo, de passagem, alguma distração evidente do tradutor.) O argumento é concessivo. Bergson admite que o espaço é infinitamente divisível, mas nega que o tempo o seja. Exibe duas tartarugas em lugar de uma para distrair o leitor. Atrela um tempo e um espaço que são incompatíveis: o brusco tempo descontínuo de James, com sua "perfeita efervescência de novidade", e o espaço divisível até o infinito da crença comum.

Chego, por eliminação, à única refutação que conheço, à única de inspiração condigna do original, virtude que a estética da inteligência está reclamando. É a formulada por Russell. Encontrei-a na obra nobilíssima de William James, *Some Problems of Philosophy*, e a concepção total que postula pode ser estudada nos livros ulteriores de seu inventor — *Introduction to Mathematical Philosophy*, 1919; *Our Knowledge of the External World*, 1926 —, livros de uma lucidez desumana, insatisfatórios e intensos. Para Russell, a operação de contar é (intrinsecamente) a de equiparar duas séries. Por exemplo, se os primogênitos de todas as casas do Egito foram mortos pelo Anjo, salvo os que moravam em casa com um sinal vermelho na porta, é evidente que se salvaram tantos quantos sinais vermelhos havia, sem que isso implique enumerar quantos foram. Aqui a quantidade é indefinida; há outras operações em que também é infinita. A série natural dos números é infinita, mas podemos demonstrar que são tantos os ímpares quanto os pares.

Ao 1 corresponde o 2
Ao 3 corresponde o 4
Ao 5 corresponde o 6 etcétera.

A prova é tão irrefutável quanto supérflua, mas não difere da que demonstra que há tantos múltiplos de três mil e dezoito quantos números há.

Ao 1 corresponde o 3018
Ao 2 corresponde o 6036
Ao 3 corresponde o 9054
Ao 4 corresponde o 12072 etcétera.

Pode-se afirmar o mesmo de suas potências, por mais que estas se rarefaçam à medida que progredimos.

Ao 1 corresponde o 3018
Ao 2 corresponde o $3018^2$, o 9108324
Ao 3 ... etcétera.

Uma genial aceitação desses fatos inspirou a fórmula de que uma coleção infinita — *verbi gratia*, a série dos números naturais — é uma coleção cujos membros podem desdobrar-se por sua vez em séries infinitas. A parte, nessas elevadas latitudes de numeração, não é menos copiosa que o todo; a quantidade precisa de pontos que há no universo é a que há num metro de universo, ou num decímetro, ou na mais profunda trajetória estelar. O problema de Aquiles cabe nessa heróica resposta. Cada lugar ocupado pela tartaruga guarda proporção com outro ocupado por Aquiles, e a minuciosa correspondência, ponto por ponto, de ambas as séries simétricas basta para declará-las iguais. Não há nenhum remanescente periódico da vantagem inicial dada à tartaruga; o ponto final de seu trajeto, o último no trajeto de Aquiles e o último no tempo de corrida são termos que matematicamente coincidem. Tal é a solução de Russell. James, sem recusar a superioridade técnica do adversário, prefere dissentir. As explicações de Russell (escreve) eludem a verdadeira dificuldade, que diz respeito à categoria *crescente* do infinito, não à categoria *estável*, que é a única que ele considera, quando pressupõe que a corrida foi realizada e o problema é o de equilibrar os trajetos. Por outro lado, não são necessários dois: o trajeto de cada um dos corredores ou o mero lapso de tempo vazio implica a dificuldade, que é a de alcançar uma meta quando um intervalo prévio continua se apresentando a cada instante, obstruindo o caminho (*Some Problems of Philosophy*, 1911, p. 181).

Cheguei ao final de minha notícia, não de nossa cavilação. O paradoxo de Zenão de Eléia, segundo indicou James, é atentatório não apenas da realidade do espaço, mas da mais invulnerável e sutil do tempo. Acrescento que a existência de um corpo físico, a permanência imóvel, a fluência de uma tarde na vida, colocam-na em estado de alerta. Essa decomposição se dá simplesmente pela palavra *infinito*, palavra (e depois conceito) angustiante que engendramos com temeridade e que, uma vez consentida num pensamento, explode e o mata. (Há outros escarmentos antigos contra o comércio de tão aleivosa palavra: há a lenda chinesa do cetro dos reis de Liang, que a cada novo rei era reduzido à metade; o cetro, mutilado durante várias dinastias, ainda existe.) Minha opinião, depois das qualificadíssimas que apresentei, corre o duplo risco de parecer impertinente e trivial. Vou formulá-la, no entanto: Zenão é incontestável, a menos que confessemos a idealidade do espaço e do tempo. Aceitemos o idealismo, aceitemos o crescimento concreto do que percebemos, e eludiremos a pululação de abismos do paradoxo.

E tocar em nosso conceito do universo por esse pedacinho de treva grega?, perguntará meu leitor.

# nota sobre
# walt whitman

O exercício das letras pode promover a ambição de se construir um livro absoluto, um livro dos livros que inclua todos os outros como um arquétipo platônico, um objeto cuja virtude não diminua com os anos. Os que alimentaram essa ambição elegeram elevados assuntos: Apolônio de Rodes, a primeira nau que cruzou os perigos do mar; Lucano, a luta de César e Pompeu, quando as águias guerrearam contra as águias; Camões, as armas lusitanas no oriente; Donne, o círculo das transmigrações de uma alma, segundo o dogma pitagórico; Milton, a mais antiga das culpas e o Paraíso; Firdusi, os tronos dos sassânidas. Góngora, creio, foi o primeiro a julgar que um livro importante pode prescindir de um tema importante; a vaga história que referem as *Soledades* é deliberadamente fútil, conforme assinalaram e reprovaram Cascales e Gracián (*Cartas filológicas*, VIII; *El criticón*, II, 4). A Mallarmé não bastaram temas triviais; ele buscou os negativos: a ausência de uma flor ou de uma mulher, a brancura da folha de papel antes do poema. Como Pater, ele sentiu que todas as artes se inclinam para a música, a arte em que a forma é o fundo; sua decorosa profissão de fé *Tout aboutit à un livre* parece sintetizar a sentença homérica de que os deuses tecem as desventuras para que às futuras gerações não falte o que cantar (*Odisséia*, VIII, *in fine*). Yeats, por volta do ano 1900, buscou o absoluto na utilização de símbolos que despertassem a memória genérica, ou grande Memória, que pulsa sob as mentes individuais; caberia comparar esses símbolos com os ulteriores arquétipos de Jung. Barbusse, em *L'Enfer*, livro injustamente esquecido, evitou (tentou evitar) as limitações do tempo mediante o relato poético dos atos fundamentais do homem; Joyce, em *Finnegans Wake*, mediante a apresentação simultânea de traços de diferentes épocas. O uso deliberado de anacronismos para forjar uma aparência de eternidade também foi adotado por Pound e por T. S. Eliot.

Evoquei alguns procedimentos; nenhum mais curioso que o exercido, em 1855, por Whitman. Antes de considerá-lo, quero transcrever algumas opiniões que mais ou menos prefiguram o que direi. A primeira é do poeta inglês Lascelles Abercrombie. "Whitman" — lemos — extraiu de sua nobre experiência essa figura vivida e pessoal que é uma das poucas coisas grandiosas da literatura moderna: a figura dele mesmo." A segunda é de sir Edmund Gosse: "Não há um Walt Whitman verdadeiro... Whitman é a literatura em estado de protoplasma: um organismo intelectual tão simples que se limita a refletir todos os que se aproximam dele". A terceira é minha.[1] "Quase tudo o que se escreveu sobre Whitman está falseado por dois erros intermináveis. Um é a sumária identificação de Whitman,

---

1 Nesta edição, p. 55

homem de letras, com Whitman, herói semidivino de *Leaves of Grass,* como d. Quixote o é do *Quixote*; outro, a insensata adoção do estilo e vocabulário de seus poemas, vale dizer, do próprio fenômeno surpreendente que se quer explicar." Imaginemos que uma biografia de Ulisses (baseada em testemunhos de Agamenon, de Laertes, de Polifemo, de Calipso, de Penélope, de Telêmaco, do guardador de porcos, de Cila e Caríbdis) indicasse que este nunca saiu de Ítaca. A decepção que nos causaria esse livro, felizmente hipotético, é a que causam todas as biografias de Whitman. Passar do orbe paradisíaco de seus versos à insípida crônica de seus dias é uma transição melancólica. Paradoxalmente, essa melancolia inevitável se agrava quando o biógrafo quer dissimular que há dois Whitman: o "amistoso e eloqüente selvagem" de *Leaves of Grass* e o pobre literato que o inventou.[2] Este jamais esteve na Califórnia ou no Platte Canyon; aquele improvisa uma apóstrofe no segundo desses lugares ("Spirit that formed this scene") e foi mineiro no outro ("Starting from Paumanok", 1). Este, em 1859, estava em Nova York; aquele, em 2 de dezembro desse ano, assistiu em Virgínia à execução do velho abolicionista John Brown ("Year of meteors"). Este nasceu em Long Island; aquele também ("Starting from Paumanok"), mas também num dos estados do sul ("Longings for home"). Este foi casto, reservado e mais para taciturno; aquele, efusivo e orgiástico. Multiplicar essas discórdias é

---

2 Henry Seidel Canby (*Walt Whitman,* 1943) e Mark Van Doren na antologia da Viking Press (1945) reconhecem muito bem essa diferença. Ninguém mais, que eu saiba.

fácil; mais importante é compreender que o mero vagabundo feliz que propõem os versos de *Leaves of Grass* teria sido incapaz de escrevê-los.

Byron e Baudelaire dramatizaram, em ilustres volumes, suas infelicidades; Whitman, sua felicidade. (Trinta anos depois, em Sils-Maria, Nietzsche descobriria Zaratustra; esse pedagogo é feliz, ou, em todo caso, recomenda a felicidade, mas tem o defeito de não existir.) Outros heróis românticos — Vathek é o primeiro da série, Edmond Teste não é o último — acentuam prolixamente suas diferenças; Whitman, com impetuosa humildade, quer se parecer com todos os homens. *Leaves of Grass*, adverte, "é o canto de um grande indivíduo coletivo, popular, homem ou mulher" (*Complete Writings*, V, 192). Ou, imortalmente ("Song of Myself", 17):

> *Estes são na verdade os pensamentos de todos os*
> *homens em todos os lugares e épocas; não são originais meus.*
> *Se são menos teus que meus, são nada ou quase nada.*
> *Se não são o enigma e a solução do enigma, são nada.*
> *Se não estão perto e longe, são nada.*

> *Este é o pasto que cresce onde há terra e água,*
> *Este é o ar comum que banha o planeta.*

O panteísmo divulgou um tipo de frases nas quais se declara que Deus é diversas coisas contraditórias ou (melhor ainda) miscelâneas. Seu protótipo é este: "Sou o rito, sou a oferenda, sou a libação de manteiga, sou o fogo" (*Bhagavad Gîta*, IX, 16). Anterior, mas ambíguo, é o fragmento 67 de Heráclito: "Deus é dia e é noite, inverno e verão, guerra e paz, fartura e fome". Plotino descreve a seus alunos um céu inconcebível, no qual "tudo está em todo lugar, qualquer coisa é todas as coisas, o sol é todas as estrelas, e cada estrela é todas as estrelas e o sol" (*Enéadas*, V, 8, 4). Attar, persa do século XII, canta a dura peregrinação dos pássaros em busca de seu rei, o Simurg; muitos perecem nos mares, mas os sobreviventes descobrem que eles são o Simurg e que o Simurg é cada um deles e todos. As possibilidades retóricas dessa extensão do princípio de identidade parecem infinitas. Emerson, leitor dos hindus e de Attar, deixou-nos o poema "Brahma"; dos dezesseis versos que o compõem, talvez o mais memorável seja este: "*When me they fly, I am the wings*" (Se elas me fogem, eu sou as asas). Análogo, mas de voz mais elementar, é "*Ich bin der Eine und bin Beide*", de Stefan George (*Der Stern des Bundes*). Walt Whitman renovou esse procedimento. Não o exerceu, como outros, para definir a divindade ou para brincar com as "simpatias e diferenças" das palavras; quis se identificar, numa espécie de ternura feroz, com todos os homens. Disse ("Crossing Brooklyn Ferry", 7):

*Fui obstinado, vaidoso, ávido, superficial, esperto, covarde,*
*maligno;*
   *O lobo, a serpente e o porco não faltavam em mim...*

Também ("Song of Myself", 33):

*Eu sou o homem. Eu sofri. Estava lá.*
*O desdém e a tranqüilidade dos mártires;*
*A mãe, condenada como bruxa, queimada diante dos filhos, com*
   *lenha seca;*

*O escravo acuado que vacila, se apóia contra a sebe, ofegante, coberto de suor;*
*As pontadas que lhe atravessam as pernas e o pescoço, as cruéis munições e balas;*
*Tudo isso eu sinto, eu sou.*

Tudo isso sentiu e foi Whitman, mas fundamentalmente ele foi — não na mera história, no mito — o que denotam estes dois versos ("Song of Myself", 24):

*Walt Whitman, um cosmos, filho de Manhattan,*
*Turbulento, carnal, sensual, comendo, bebendo, engendrando.*

Também foi o que seria no futuro, em nossa nostalgia vindoura, criada por estas profecias que a anunciaram ("Full of life, now"):

*Cheio de vida, hoje, compacto, visível,*
*Eu, com quarenta anos de idade no ano oitenta e três dos Estados,*
*A ti, dentro de um século ou de muitos séculos,*
*A ti, que não nasceste, procuro.*
*Estás lendo-me. Agora o invisível sou eu,*
*Agora és tu, compacto visível, quem intui os versos e me procura,*
*Pensando em como seria feliz se eu pudesse ser teu companheiro.*
*Sê feliz como se eu estivesse contigo. (Não tenhas muita certeza de que não estou contigo.)*

Ou ("Songs of Parting", 4, 5):

*Camarada! Este não é um livro;*
*O que me toca, toca um homem.*
*(É noite? Estamos sozinhos aqui?...)*
*Te amo, me despojo deste invólucro.*
*Sou como algo incorpóreo, triunfante, morto.*[3]

Walt Whitman, homem, foi diretor do *Brooklyn Eagle*, e leu suas idéias fundamentais nas páginas de Emerson, de Hegel e de Volney; Walt Whitman, personagem poético, derivou-as do contato com a América, ilustrado por experiências imaginárias nas alcovas de New Orleans e nos campos de batalha da Geórgia. Um fato falso pode ser essencialmente verdadeiro. Dizem que Henrique I da Inglaterra não voltou a sorrir depois da morte de seu filho; o fato, talvez falso, pode ser verdadeiro como símbolo do abatimento do rei. Dizia-se, em 1914, que os alemães haviam torturado e mutilado alguns reféns belgas; a notícia, sem dúvida, era falsa, mas sintetizava utilmente os infinitos e confusos horrores da invasão. Ainda mais perdoável é o caso dos que atribuem uma doutrina a experiências vitais e não a tal biblioteca ou a tal epítome. Nietzsche, em 1874, zombou da tese pitagórica de que a história se repete ciclicamente (*Vom Nutzen und Nachtheil der Historie*, 2); em 1881, numa trilha dos bosques de Silvaplana, subitamente concebeu

---

3 O mecanismo dessas apóstrofes é complicado. Ficamos emocionados com o fato de o poeta se emocionar ao prever nossa emoção. Cf. estas linhas de Flecker, dirigidas ao poeta que o lerá, mil anos depois:

*O friend unseen, unborn, unknown,*
*Student of our sweet English tongue*
*Read out my words at night, alone:*
*I was a poet, I was young.*

essa tese (*Ecce Homo*, 9). O grosseiro, o ordinariamente policial, é falar de plágio; Nietzsche, questionado, replicaria que o importante é a transformação que uma idéia pode operar em nós, não o mero fato de expô-la.[4] Uma coisa é a abstrata proposição da unidade divina; outra, a rajada que arrancou do deserto alguns pastores árabes e os impeliu a uma batalha que não cessou e cujos limites foram a Aquitânia e o Ganges. Whitman se propôs exibir um democrata ideal, não formular uma teoria.

Desde que Horácio, com imagem platônica ou pitagórica, predisse sua celeste metamorfose, é clássico nas letras o tema da imortalidade do poeta. Os que o freqüentaram o fizeram em função da vanglória (*"Not marble, not the gilded monuments"*), quando não do suborno e da vingança; Whitman deriva de seu uso uma relação pessoal com cada futuro leitor. Confunde-se com ele e dialoga com o outro, com Whitman ("Salut au Monde", 3):

*O que ouves, Walt Whitman?*

Assim se desdobrou no Whitman eterno, nesse amigo que é um velho poeta americano de mil oitocentos e tantos e também sua lenda e também cada um de nós e também a felicidade. Vasta e quase inumana foi a tarefa, mas não menor foi a vitória.

---

4 A razão e a convicção diferem tanto que as mais graves objeções a qualquer doutrina filosófica costumam preexistir na obra que a proclama. Platão, no *Parmênides*, antecipa o argumento do terceiro homem que irá opor-lhe Aristóteles; Berkeley (*Dialogues*, 3), as refutações de Hume.

# avatares
# da tartaruga

Há um conceito que corrompe e transtorna os outros. Não falo do Mal cujo limitado império é a ética; falo do infinito. Pensei em compilar algum dia sua movediça história. A numerosa Hidra (monstro palustre que vem a ser prefiguração ou emblema das progressões geométricas) daria conveniente horror a seu pórtico; seria coroada pelos sórdidos pesadelos de Kafka e seus capítulos centrais não desconheceriam as conjecturas desse remoto cardeal alemão — Nicolau de Krebs, Nicolau de Cusa — que viu na circunferência um polígono com um número infinito de ângulos e deixou escrito que uma linha infinita seria uma reta, seria um triângulo, seria um círculo e seria uma esfera (*De Docta Ignorantia*, I, 13). Cinco, sete anos de aprendizado metafísico, teológico, matemático, me capacitariam (talvez) para planejar decorosamente esse livro. Inútil acrescentar que a vida me proíbe essa esperança, e mesmo esse advérbio.

A essa ilusória *Biografia do infinito* pertencem de algum modo estas páginas. Seu propósito é registrar certos avatares do segundo paradoxo de Zenão.

Lembremos, agora, esse paradoxo.

Aquiles corre dez vezes mais rápido que a tartaruga e lhe

dá uma vantagem de dez metros. Aquiles corre esses dez metros, a tartaruga corre um; Aquiles corre esse metro, a tartaruga corre um decímetro; Aquiles corre esse decímetro, a tartaruga corre um centímetro; Aquiles corre esse centímetro, a tartaruga um milímetro; Aquiles pés-ligeiros o milímetro, a tartaruga um décimo de milímetro, e assim infinitamente, sem alcançá-la... Esta é a versão habitual. Wilhelm Capelle (*Die Vorsokratiker*, 1935, p. 178) traduz o texto original de Aristóteles: "O segundo argumento de Zenão é o que se denomina Aquiles. Alega que o mais lento não será alcançado pelo mais veloz, pois o perseguidor tem de passar pelo lugar que o perseguido acaba de deixar livre, de sorte que o mais lento sempre leva uma determinada vantagem". O problema não muda, como se vê; mas eu gostaria de conhecer o nome do poeta que o dotou de um herói e de uma tartaruga. A esses competidores mágicos e à série

$$10 + 1 + \frac{1}{10} + \frac{1}{100} + \frac{1}{1.000} + \frac{1 + ...}{10.000}$$

o argumento deve sua difusão. Quase ninguém se lembra do que o antecede — o da pista —, embora seu mecanismo seja idêntico. O movimento é impossível (considera Zenão), pois o móvel deve atravessar o meio para chegar ao fim, e antes o meio do meio, e antes o meio do meio do meio, e antes...[1]

Devemos à pena de Aristóteles a comunicação e a primeira refutação desses argumentos. Ele os refuta com brevi-

---

[1] Um século depois, o sofista chinês Hui Tzu argumentou que um bastão, cortado pela metade a cada dia, é interminável (H. A. Giles, *Chuang Tzu*, 1889, p. 453).

dade talvez desdenhosa, mas sua lembrança lhe inspira o famoso *argumento do terceiro homem* contra a doutrina platônica. Essa doutrina quer demonstrar que dois indivíduos que têm atributos comuns (por exemplo, dois homens) são meras aparências temporais de um arquétipo eterno. Aristóteles pergunta se os muitos homens e o Homem — os indivíduos temporais e o Arquétipo — têm atributos comuns. É evidente que sim; têm os atributos gerais da humanidade. Nesse caso, afirma Aristóteles, será preciso *postular outro arquétipo* que contenha todos e depois um quarto... Patricio de Azcárate, numa nota a sua tradução da *Metafísica*, atribui a um discípulo de Aristóteles esta apresentação: "Se o que se afirma de muitas coisas ao mesmo tempo é um ser à parte, diferente das coisas de que se afirma (e isto é o que pretendem os platônicos), é preciso que haja um *terceiro homem*. É uma denominação que se aplica aos indivíduos e à idéia. Há, pois, um terceiro homem diferente dos homens particulares e da idéia. Há ao mesmo tempo um quarto, que estará na mesma relação com este e com a idéia dos homens particulares; depois um quinto, e assim infinitamente". Postulamos dois indivíduos, *a* e *b*, que integram o gênero *c*. Teremos então

$$a + b = c$$

Mas também, segundo Aristóteles:

$$a + b + c = d$$
$$a + b + c + d = e$$
$$a + b + c + d + e = f...$$

A rigor não são necessários dois indivíduos: bastam o indivíduo e o gênero para determinar o *terceiro homem* que Aristóteles denuncia. Zenão de Eléia recorre à infinita regressão contra o movimento e o número; seu refutador, contra as formas universais.[2]

O próximo avatar de Zenão que minhas desordenadas notas registram é Agripa, o Cético. Este nega que algo possa ser provado, pois toda prova requer uma prova anterior (*Hypotyposes*, I, 166). Sexto Empírico argumenta analogamente que as definições são inúteis, pois seria preciso definir cada uma das palavras utilizadas e, depois, definir a definição (*Hypotyposes*, II, 207). Mil e seiscentos anos depois, Byron, na dedicatória de *Don Juan*, escreverá de Coleridge: "*I wish he would explain His Explanation*".

Até aqui, o *regressus in infinitum* serviu para negar; santo Tomás de Aquino recorre a ele (*Suma teológica*, I,

2 No *Parmênides* — cujo caráter zenoniano é irrecusável — Platão expõe um argumento muito parecido para demonstrar que o um é realmente muitos. Se o um existe, participa do ser; por conseguinte, há nele duas partes, que são o ser e o um, mas cada uma dessas partes é uma e é, de modo que encerra outras duas, que também encerram outras duas: infinitamente. Russell (*Introduction to Mathematical Philosophy*, 1919, p. 138) substitui a progressão geométrica de Platão por uma progressão aritmética. Se o um existe, o um participa do ser, mas como são diferentes o ser e o um, existe o dois, mas como são diferentes o ser e o dois, existe o três etc. Chuang Tzu (Waley, *Three Ways of Thought in Ancient China*, p. 25) recorre ao mesmo interminável *regressus* contra os monistas que declaravam que as Dez Mil Coisas (o Universo) são uma só. Em todo caso — alega — a unidade cósmica e a declaração dessa unidade já são duas coisas: essas duas e a declaração de sua dualidade já são três; essas três e a declaração de sua trindade já são quatro... Russell opina que a imprecisão do termo *ser* basta para invalidar o raciocínio. Acrescenta que os números não existem, que são meras ficções lógicas.

130

2, 3) para afirmar que Deus existe. Adverte que não há coisa no universo que não tenha uma causa eficiente e que essa causa, evidentemente, é o efeito de outra causa anterior. O mundo é um interminável encadeamento de causas e cada causa é um efeito. Cada estado provém do anterior e determina o subseqüente, mas a série geral pode não ter sido, pois os termos que a formam são condicionais, ou seja, aleatórios. No entanto, o mundo é; deles podemos inferir uma não contingente causa primeira que será a divindade. Tal é a prova cosmológica; Aristóteles e Platão a prefiguram; Leibniz a redescobre.[3]

Hermann Lotze apela ao *regressus* por não compreender que uma alteração do objeto A possa produzir uma alteração do objeto B. Argumenta que se A e B são independentes, postular um influxo de A sobre B é postular um terceiro elemento C, um elemento que para operar sobre B vai necessitar de um quarto elemento D, que não poderá operar sem E, que não poderá operar sem F...

Para eludir essa multiplicação de quimeras, resolve que no mundo há um único objeto: uma infinita e absoluta substância, equiparável ao Deus de Spinoza. As causas transitivas se reduzem a causas imanentes; os fatos, a manifestações ou modos da substância cósmica.[4]

Análogo, mas ainda mais alarmante, é o caso de F. H. Bradley. Este argumentador (*Appearance and Reality*, 1897, pp. 19-34) não se limita a combater a relação causal; nega todas as relações. Pergunta se uma relação está rela-

---

3 Um eco dessa prova, agora morta, retumba no primeiro verso do *Paradiso*: "*La gloria de Coviche tutto move*".
4 Sigo a exposição de James (*A Pluralistic Universe*, 1909, pp. 55-60). Cf. Wentscher, *Fechner und Lotze*, 1924, pp. 166-71.

cionada com seus termos. Respondem-lhe que sim e infere que isso é admitir a existência de outras duas relações, e depois de outras duas. No axioma *a parte é menor que o todo*, ele não percebe dois termos e a relação *menor que*; percebe três (*parte, menor que, todo*), cuja vinculação implica outras duas relações, e assim até o infinito. No juízo *João é mortal*, percebe três conceitos inconjugáveis (o terceiro é a cópula) que nunca conseguiremos unir. Transforma todos os conceitos em objetos incomunicados, duríssimos. Refutá-lo é contaminar-se de irrealidade.

Lotze interpõe os abismos periódicos de Zenão entre a causa e o efeito; Bradley, entre o sujeito e o predicado, quando não entre o sujeito e os atributos; Lewis Carroll (*Mind*, volume quarto, p. 278), entre a segunda premissa do silogismo e a conclusão. Refere um diálogo sem fim, cujos interlocutores são Aquiles e a tartaruga. Ao termo de sua interminável corrida, os dois atletas conversam amigavelmente sobre geometria. Estudam este claro arrazoado:

a) Duas coisas iguais a uma terceira são iguais entre si.

b) Os dois lados desse triângulo são iguais a MN.

z) Os dois lados desse triângulo são iguais entre si.

A tartaruga aceita as premissas *a* e *b*, mas nega que justifiquem a conclusão. Faz com que Aquiles interpole uma proposição hipotética.

a) Duas coisas iguais a uma terceira são iguais entre si.

b) Os dois lados desse triângulo são iguais a MN.

c) Se *a* e *b* são válidas, *z* é válida.

z) Os dois lados deste triângulo são iguais entre si.

Feito este breve esclarecimento, a tartaruga aceita a validade de *a*, *b*, *c*, mas não de *z*. Aquiles, indignado, interpola:

d) Se *a*, *b* e *c* são válidas, *z* é válida.

Carroll observa que o paradoxo do grego comporta uma infinita série de distâncias que diminuem, e que no proposto por ele as distâncias aumentam.

Um exemplo final, talvez o mais elegante de todos, mas também o que menos difere de Zenão. William James (*Some Problems of Philosophy*, 1911, p. 182) nega que possam transcorrer catorze minutos, porque antes é forçoso que tenham se passado sete, e antes de sete, três minutos e meio, e antes de três e meio, um minuto e três quartos, e assim até o fim, até o invisível fim, por tênues labirintos de tempo.

Descartes, Hobbes, Leibniz, Mill, Renouvier, Georg Cantor, Gomperz, Russell e Bergson formularam explicações — nem sempre inexplicáveis e inúteis — do paradoxo da tartaruga. (Eu registrei algumas.) Também são muitas, como o leitor pôde ver, suas aplicações. As históricas não a esgotam: o vertiginoso *regressus in infinitum* talvez seja aplicável a todos os temas. À estética: tal verso nos comove por tal motivo, tal motivo por tal outro motivo... Ao problema do conhecimento: conhecer é reconhecer, mas é preciso ter conhecido para reconhecer, mas conhecer é reconhecer... Como julgar essa dialética? É um legítimo instrumento de indagação ou apenas um mau hábito?

É arriscado pensar que uma coordenação de palavras (as filosofias não são outra coisa) possa se assemelhar muito ao universo. Também é arriscado pensar que dessas coordenações ilustres, alguma — ao menos de modo infinitesimal — não se assemelhe um pouco mais do que outras. Examinei as que gozam de certo crédito; atrevo-me a assegurar que só na formulada por Schopenhauer reconheci algum traço do universo. Segundo essa doutrina, o mundo é uma fábrica da vontade. A arte — sempre — requer irrealidades visíveis. Limito-me a citar uma: a dicção metafórica ou numerosa ou cuidadosamente casual dos interlocutores de um drama... Admitamos o que todos os idealistas admitem: o caráter alucinatório do mundo. Façamos o que nenhum idealista fez: busquemos irrealidades que confirmem esse caráter. Nós as encontraremos, creio, nas antinomias de Kant e na dialética de Zenão.

"O maior feiticeiro" (escreve memoravelmente Novalis) "seria o que se enfeitiçasse até o ponto de ver suas próprias fantasmagorias como aparições autônomas. Não seria esse o nosso caso?" Presumo que sim. Nós (a indivisa divindade que opera em nós) sonhamos o mundo. Nós o sonhamos resistente, misterioso, visível, ubíquo no espaço e firme no tempo; mas aceitamos em sua arquitetura tênues e eternos interstícios de desrazão para saber que é falso.

# vindicação de
## *bouvard*
## *et pécuchet*

A história de Bouvard e de Pécuchet é enganosamente simples. Dois copistas (cuja idade, como a de Alonso Quijano, beira os cinqüenta anos) travam estreita amizade: uma herança lhes permite deixar o emprego e fixar-se no campo, onde ensaiam agronomia, jardinagem, fabricação de conservas, anatomia, arqueologia, história, mnemônica, literatura, hidroterapia, espiritismo, ginástica, pedagogia, veterinária, filosofia e religião; cada uma dessas disciplinas heterogêneas lhes depara um fracasso ao cabo de vinte ou trinta anos. Desencantados (já veremos que a "ação" não ocorre no tempo, mas na eternidade), encomendam a um carpinteiro uma carteira escolar dupla e se põem a copiar, como antes.[1]

Seis anos de sua vida, os últimos, foram dedicados por Flaubert ao projeto e à execução desse livro, que afinal ficou inconcluso, e que Gosse, tão devoto de *Madame Bovary*, julgaria uma aberração, e Remy de Gourmont, a obra capital da literatura francesa, e quase de toda a literatura.

Émile Faguet ("o cinzento Faguet", chamou-o certa vez Gerchunoff) publicou em 1899 uma monografia que tem a

---

1 Creio perceber aqui uma referência irônica ao próprio destino de Flaubert.

135

virtude de esgotar os argumentos contra *Bouvard et Pécuchet*, o que é uma comodidade para o exame crítico da obra. Flaubert, segundo Faguet, sonhou uma epopéia da idiotice humana e superfluamente lhe deu (movido por lembranças de Pangloss e Candide e, talvez, de Sancho e Quixote) *dois* protagonistas que não se complementam e não se opõem e cuja dualidade não passa de artifício verbal. Criados ou postulados esses fantoches, Flaubert faz com que leiam uma biblioteca, "para que não a entendam". Faguet denuncia o caráter pueril desse jogo, e o que ele tem de perigoso, já que Flaubert, para formular as ações de seus dois imbecis, leu mil e quinhentos tratados de agronomia, pedagogia, medicina, física, metafísica etc., com o propósito de não compreendê-los. Observa Faguet: "Se alguém se obstina em ler do ponto de vista de um homem que lê sem entender, em muito pouco tempo consegue não entender absolutamente nada e ser obtuso por conta própria". O fato é que cinco anos de convivência foram transformando Flaubert em Pécuchet e Bouvard ou (mais precisamente) Pécuchet e Bouvard em Flaubert. Aqueles, no início, são dois idiotas, menosprezados e humilhados pelo autor, mas no oitavo capítulo ocorrem as famosas palavras: "Então uma faculdade lamentável surgiu em seu espírito, a de ver a estupidez e já não poder tolerá-la". E depois: "Entristeciam-se com coisas insignificantes: os anúncios dos jornais, o perfil de um burguês, uma bobagem ouvida ao acaso". Flaubert, neste ponto, se reconcilia com Bouvard e com Pécuchet, Deus com suas criaturas. Isso talvez aconteça em toda obra extensa, ou simplesmente viva (Sócrates chega a ser Platão; Peer Gynt a ser Ibsen), mas aqui surpreendemos o instante em que o sonhador, para dizê-lo com uma metáfora afim, percebe que está sonhando a si mesmo e que as formas de seu sonho são ele. A primeira edição de *Bouvard et Pécuchet* é de março de 1881. Em abril, Henry Céard ensaiou esta definição: "uma espécie de Fausto em duas pessoas". Na edição da Pléiade, Dumesnil confirma: "As primeiras palavras do monólogo de Fausto, no início da primeira parte, são todo o plano de *Bouvard et Pécuchet*". Aquelas palavras em que Fausto deplora ter estudado inutilmente filosofia, jurisprudência, medicina e, ai!, teologia. Faguet, além disso, já havia escrito: "*Bouvard et Pécuchet* é a história de um Fausto que foi também um idiota". Guardemos este epigrama, no qual de algum modo está cifrada toda a intrincada polêmica.

Flaubert declarou que um de seus propósitos era a revisão de todas as idéias modernas; seus detratores argumentam que o fato de que a revisão esteja a cargo de dois imbecis basta, com razão, para invalidá-la. Inferir dos percalços desses palhaços a vaidade das religiões, das ciências e das artes, não passa de um sofisma insolente ou de uma falácia grosseira. Os fracassos de Pécuchet não implicam um fracasso de Newton.

Para refutar essa conclusão, o comum é negar a premissa. Digeon e Dumesnil invocam, assim, uma passagem de Maupassant, confidente e discípulo de Flaubert, na qual se lê que Bouvard e Pécuchet são "dois espíritos bastante lúcidos, medíocres e simplórios". Dumesnil sublinha o epíteto "lúcidos", mas o testemunho de Maupassant — ou do próprio Flaubert, se isso fosse possível — nunca será tão convincente quanto o próprio texto da obra, que parece impor a palavra "imbecis".

A justificativa de *Bouvard et Pécuchet*, atrevo-me a sugerir, é de ordem estética, e pouco ou nada tem a ver com as quatro figuras e os dezenove modos do silogismo. Uma coisa é o rigor lógico, outra a tradição quase instintiva de pôr as palavras fundamentais na boca dos simples e dos loucos. Lembremos a reverência que o Islã tributa aos idiotas, porque se entende que suas almas foram arrebatadas pelo céu; lembremos aquelas passagens da Escritura em que se lê que Deus escolheu o néscio do mundo para envergonhar os sábios. Ou, se preferirmos os exemplos concretos, pensemos em *Manalive*, de Chesterton, que é uma visível montanha de simplicidade e um abismo de divina sabedoria, ou em João Escoto, que argumentou que o melhor nome de Deus é *Nihilum* (Nada) e que "ele mesmo não sabe o que é, porque não é um que...". O imperador Montezuma disse que os bufões ensinam mais que os sábios, porque se atrevem a dizer a verdade; Flaubert (que, no fim das contas, não estava elaborando uma demonstração rigorosa, uma *Destructio philosophorum*, mas uma sátira) pode muito bem ter tomado o cuidado de confiar suas últimas dúvidas e seus medos mais secretos a dois irresponsáveis.

Cabe entrever uma justificativa mais profunda. Flaubert era devoto de Spencer; nos *First Principles* do mestre lemos que o universo é incognoscível, pela suficiente e clara razão de que explicar um fato é referi-lo a outro mais geral, e de que esse processo que não tem fim[2] já nos conduz a uma verdade tão geral que não podemos referi-la a nenhu-

---

2 Agripa, o Cético argumentou que toda prova exige, por sua vez, outra prova, e assim infinitamente.

138

ma outra; ou seja, explicá-la. A ciência é uma esfera finita que cresce no espaço infinito; cada nova expansão lhe permite compreender uma zona maior do desconhecido, mas o desconhecido é inesgotável. Escreve Flaubert: "Ainda não sabemos quase nada e gostaríamos de adivinhar essa última palavra que nunca nos será revelada. O frenesi de se chegar a uma conclusão é a mais funesta e estéril das manias". A arte opera necessariamente com símbolos; a maior esfera é um ponto no infinito; dois absurdos copistas podem representar Flaubert e também Schopenhauer ou Newton.

Taine repetiu a Flaubert que o tema de seu romance exigia uma pena do século XVIII, a concisão e a mordacidade (*le mordant*) de um Jonathan Swift. Talvez ele tenha falado de Swift porque sentiu de algum modo a afinidade entre os dois grandes e tristes escritores. Ambos odiaram com ferocidade minuciosa a estupidez humana; ambos documentaram esse ódio, compilando, ao longo dos anos, frases triviais e opiniões idiotas; ambos quiseram abater as ambições da ciência. Na terceira parte de *Gulliver*, Swift descreve uma venerada e vasta academia, cujos indivíduos propõem que a humanidade prescinda da linguagem oral para não gastar os pulmões. Outros amolecem o mármore para a fabricação de travesseiros e almofadas; outros querem propagar uma variedade de ovelhas sem lã; outros acreditam resolver os enigmas do universo mediante uma armação de madeira com manivelas de ferro, que combina palavras ao acaso. Essa invenção vai contra a *Arte Magna* de Llull...

René Descharmes examinou, e reprovou, a cronologia de *Bouvard et Pécuchet*. A ação requer cerca de quarenta anos; os protagonistas têm sessenta e oito quando se entregam à ginástica, no mesmo ano em que Pécuchet descobre o amor. Num livro tão povoado de circunstâncias, o tempo, no entanto, está imóvel; além dos ensaios e fracassos dos dois Faustos (ou do Fausto bicéfalo), nada acontece; faltam as vicissitudes comuns e a fatalidade e o acaso. "Os figurantes do desenlace são os do preâmbulo; ninguém viaja, ninguém morre", observa Claude Digeon. Em outra página, conclui: "A honestidade intelectual de Flaubert lhe pregou uma peça terrível: levou-o a sobrecarregar seu conto filosófico, a conservar sua pena de romancista para escrevê-lo". As negligências ou desdéns ou liberdades do último Flaubert desconcertaram os críticos; acredito ver neles um símbolo. O homem que com *Madame Bovary* forjou o romance realista foi também o primeiro a romper com ele. Chesterton, ainda ontem, escrevia: "O romance bem pode morrer conosco". O instinto de Flaubert pressentiu essa morte, que já está ocorrendo — o *Ulisses*, com seus planos e horários e precisões, não é a esplêndida agonia de um gênero? —, e no quinto capítulo da obra condenou os romances "estatísticos ou etnográficos" de Balzac e, por extensão, os de Zola. Por isso, o tempo de *Bouvard et Pécuchet* se inclina para a eternidade; por isso, os protagonistas não morrem e continuarão copiando, perto de Caen, seu anacrônico *Sottisier*, tão ignorantes de 1914 quanto de 1870; por isso a obra mira, no passado, as parábolas de Voltaire e de Swift e, adiante, as de Kafka.

Há, talvez, outra chave. Para zombar dos anseios da humanidade, Swift os atribuiu a pigmeus ou a símios; Flaubert, a dois sujeitos grotescos. Evidentemente, se a história universal é a história de Bouvard e de Pécuchet, tudo o que a integra é ridículo e inconsistente.

# flaubert
# e seu destino
# exemplar

Num artigo destinado a abolir ou arrefecer o culto de Flaubert na Inglaterra, John Middleton Murry observa que há dois Flaubert: um, o homenzarrão ossudo, amável, mais para simples, com o ar e o riso de um camponês, que passou a vida agonizando sobre a cultura intensiva de meia dúzia de volumes desiguais; outro, um gigante incorpóreo, um símbolo, um grito de guerra, uma bandeira. Declaro que não entendo essa oposição; o Flaubert que agonizou para produzir uma obra avara e preciosa é, exatamente, o da lenda e (se os quatro volumes de sua correspondência não nos enganam) também o da história. Mais importante que a importante literatura premeditada e realizada por ele é esse Flaubert, que foi o primeiro Adão de uma nova espécie: a do homem de letras como sacerdote, como asceta e quase como mártir.

A Antiguidade, pelas razões que já veremos, não conseguiu produzir esse tipo. No *Ion* lemos que o poeta "é uma coisa leve, alada e sagrada, que nada pode compor até estar inspirado, que é quase, diríamos, um possesso". Semelhante doutrina do espírito que sopra onde bem entende (João 3, 8) era hostil a uma valoração pessoal do poeta, rebaixado a instrumento momentâneo da divindade. Nas cidades gregas ou em Roma é inconcebível um Flaubert; talvez o homem que mais se aproximou dele tenha sido Píndaro, o poeta sacerdotal, que comparou suas odes a caminhos pavimentados, à maré, a talhas de ouro e de marfim e a edifícios, e que sentia e encarnava a dignidade da profissão das letras.

À doutrina "romântica" da inspiração, que os clássicos professaram,[1] cabe acrescentar um fato: o sentimento geral de que Homero já havia esgotado a poesia ou, pelo menos, havia descoberto a forma cabal da poesia, o poema heróico. Alexandre da Macedônia punha todas as noites sob o travesseiro seu punhal e sua *Ilíada*, e Thomas de Quincey refere que um pastor inglês jurou do púlpito "pela grandeza dos padecimentos humanos, pela grandeza das aspirações humanas, pela imortalidade das criações humanas, pela *Ilíada*, pela *Odisséia*!". A cólera de Aquiles e os rigores da volta de Ulisses não são temas universais; nessa limitação, a posteridade fundou uma esperança. Impor a outras fábulas, invocação por invocação, batalha por batalha, máquina sobrenatural por máquina sobrenatural, o curso e a configuração da *Ilíada* foi o propósito máximo dos poetas, durante vinte séculos. Zombar dele é muito fácil, mas não da *Eneida*, que foi sua feliz conseqüência. (Lemprière discretamente inclui Virgílio entre as vantagens de Homero.) No século XIV, Petrarca, devoto da glória romana, pensou ter descoberto nas guerras púnicas a matéria perdurável da epopéia; Tasso, no século XVI, optou pela primeira cruzada.

---

1 Seu oposto é a doutrina "clássica" do romântico Poe, que faz do trabalho do poeta um exercício intelectual.

Dedicou-lhe duas obras, ou duas versões de uma obra; uma delas é famosa, a *Gerusalemme liberata*; outra, a *Conquista-ta*, que quer ajustar-se mais à *Ilíada*, é apenas curiosidade literária. Nela se atenua a ênfase do texto original, operação que, executada sobre uma obra essencialmente enfática, pode equivaler a sua destruição. Assim, na *Liberata* (VIII, 23), lemos sobre um homem gravemente ferido e valente que não se decide a morrer:

*La vita no, ma la virtú sostenta quel cadavere indomito e feroce*

Na revisão, hipérbole e eficácia desaparecem:

*La vita no, ma la virtú sostenta*
*il cavaliere indomito e feroce.*

Milton, depois, vive para construir um poema heróico. Desde a infância, talvez antes de ter escrito uma linha, sabe-se devotado às letras. Teme ter nascido tarde demais para a épica (longe demais de Homero, longe demais de Adão) e numa latitude fria demais, mas se exercita na arte de versificar, durante muitos anos. Estuda hebraico, aramaico, italiano, francês, grego e, naturalmente, latim. Compõe hexâmetros latinos e gregos e hendecassílabos toscanos. É continente, porque sente que a incontinência pode consumir sua faculdade poética. Escreve, aos trinta e três anos, que o poeta deve ser um poema, "ou seja, uma composição e arquétipo das coisas melhores", e que ninguém indigno de elogio deve se atrever a celebrar "homens heróicos ou cidades famosas". Sabe que um livro que os homens não deixarão morrer sairá de sua pena, mas o sujeito ainda não lhe foi revelado e ele o procura na *Matière de Bretagne* e nos dois Testamentos. Num papel a que, na época, não atribui maior importância (que hoje é o Manuscrito de Cambridge), anota uma centena de temas possíveis. Escolhe, por fim, a queda dos anjos e do homem, tema histórico naquele século, ainda que agora o julguemos simbólico ou mitológico.[2]

Milton, Tasso e Virgílio se consagraram à execução de poemas; Flaubert foi o primeiro a se consagrar (dou a esta palavra seu rigor etimológico) à criação de uma obra puramente estética *em prosa*. Na história das literaturas, a prosa é posterior ao verso; este paradoxo incitou a ambição de Flaubert. "A prosa nasceu ontem", escreveu. "O verso é por excelência a forma das literaturas antigas. As combinações da métrica se esgotaram; mas não as da prosa." E em outro lugar: "O romance espera seu Homero".

O poema de Milton abarca o céu, o inferno, o mundo e o caos, mas ainda é uma *Ilíada*, uma *Ilíada* do tamanho do universo; Flaubert, por sua vez, não quis repetir ou superar um modelo anterior. Pensou que cada coisa só pode ser dita de um modo e que é obrigação do escritor encontrar esse modo. Clássicos e românticos discutiam clamorosamente e Flaubert disse que seus fracassos podiam diferir, mas que seus acertos eram iguais, porque o belo sempre é

---

2 Sigamos as variações de um traço homérico, ao longo do tempo. Helena de Tróia, na *Ilíada*, tece um tapete, e o que tece são batalhas e desventuras da guerra de Tróia. Na *Eneida*, o herói, prófugo da guerra de Tróia, chega a Cartago e vê figuradas num templo cenas dessa guerra, e, entre tantas imagens de guerreiros, também a sua. Na segunda "Jerusalém", Godofredo recebe os embaixadores egípcios num pavilhão historiado cujas pinturas representam suas próprias guerras. Das três versões, a última é a menos feliz.

144

o preciso, o justo, e um bom verso de Boileau é um bom verso de Hugo. Acreditou numa harmonia preestabelecida do eufônico e do exato e se maravilhou com a "relação necessária entre a palavra justa e a palavra musical". Essa superstição da linguagem teria levado outro escritor a tramar um pequeno dialeto de maus hábitos sintáticos e prosódicos; não Flaubert, cuja decência fundamental o salvou dos riscos de sua doutrina. Com muita probidade perseguiu o *mot juste*, que certamente não exclui o lugar-comum e que degeneraria, depois, no fátuo *mot rare* dos cenáculos simbolistas.

A história conta que o famoso Lao-tsé quis viver secretamente e não ter nome; semelhante vontade de ser ignorado e semelhante celebridade marcam o destino de Flaubert. Este queria não estar em seus livros, ou queria estar apenas de modo invisível, como Deus em suas obras; o fato é que se não soubéssemos previamente que uma mesma pena escreveu *Salambô* e *Madame Bovary* não poderíamos adivinhá-lo. Não menos inegável é que pensar na obra de Flaubert é pensar em Flaubert, no ansioso e laborioso trabalhador das muitas consultas e dos rascunhos inextricáveis. Quixote e Sancho são mais reais que o soldado espanhol que os inventou, mas nenhuma criatura de Flaubert é real como Flaubert. Os que dizem que sua obra capital é a *Correspondência* podem argumentar que nesses volumes varonis está a face de seu destino.

Esse destino continua sendo exemplar, como o de Byron para os românticos. À imitação da técnica de Flaubert devemos *The Old Wives' Tale* e *O primo Basílio*; seu destino se repetiu, com misteriosas magnificações e variações, no de Mallarmé (cujo epigrama "O mundo existe para acabar num livro" exprime uma convicção de Flaubert), no de Moore, no de Henry James e no do intrincado e quase infinito irlandês que teceu o *Ulisses*.

# o escritor argentino
# e a tradição[1]

Quero formular e justificar algumas proposições céticas sobre o problema do escritor argentino e a tradição. Meu ceticismo não se refere à dificuldade ou impossibilidade de resolvê-lo, mas à própria existência do problema. Creio que se nos depara um tema retórico, apto para desenvolvimentos patéticos; mais que de uma verdadeira dificuldade mental, entendo que se trata de uma aparência, de um simulacro, de um pseudoproblema. Antes de examiná-lo, quero considerar as propostas e soluções mais correntes. Começarei por uma solução que se tornou quase instintiva, que se apresenta sem o concurso de argumentações: a que afirma que a tradição literária argentina já existe na poesia gauchesca. Segundo ela, o léxico, os procedimentos, os temas da poesia gauchesca devem ilustrar o escritor contemporâneo, são um ponto de partida e talvez um arquétipo. É a solução mais comum, e por isso pretendo demorar-me em seu exame.

---

[1] Versão taquigráfica de uma aula proferida no Colegio Libre de Estudios Superiores (1953).

Foi proposta por Lugones em *El payador*; aí lemos que nós, argentinos, possuímos um poema clássico, o *Martín Fierro*, e que esse poema deve ser para nós o que os poemas homéricos foram para os gregos. Parece difícil contradizer essa opinião sem depreciar o *Martín Fierro*. Creio que o *Martín Fierro* é a obra mais perdurável que nós, argentinos, escrevemos; e creio com a mesma intensidade que não podemos supor que o *Martín Fierro* é, como algumas vezes já se disse, nossa Bíblia, nosso livro canônico.

Ricardo Rojas, que também recomendou a canonização do *Martín Fierro*, tem uma página, em sua *Historia de la literatura argentina*, que parece quase lugar-comum, e que é uma astúcia.

Rojas estuda a poesia dos gauchescos, ou seja, a poesia de Hidalgo, Ascasubi, Estanislao del Campo e José Hernández, e a faz derivar da poesia dos cantadores, da espontânea poesia dos *gauchos*. Faz notar que o metro da poesia popular é o octossílabo e que os autores da poesia gauchesca utilizam esse metro, e acaba por considerar a poesia dos gauchescos continuação ou magnificação da poesia dos cantadores.

Desconfio que há um erro grave nessa afirmação; um erro hábil, diríamos, porque se percebe que Rojas, para dar raiz popular à poesia dos gauchescos, que começa em Hidalgo e culmina em Hernández, apresenta-a como continuação ou derivação da dos *gauchos*, e assim Bartolomé Hidalgo é, não o Homero dessa poesia, como disse Mitre, mas um elo da cadeia.

Ricardo Rojas faz de Hidalgo um repentista *gaucho*; no entanto, segundo a mesma *Historia de la literatura argentina*, esse suposto cantador começou compondo versos hendecassílabos, metro naturalmente proibido aos cantadores, que não percebiam sua harmonia, como não perceberam a harmonia do hendecassílabo os leitores espanhóis quando Garcilaso o importou da Itália. Entendo que há uma diferença fundamental entre a poesia dos *gauchos* e a poesia gauchesca. Basta comparar qualquer coleção de poesias populares com o *Martín Fierro*, com o *Paulino Lucero*, com o *Fausto*, para perceber essa diferença, que está não tanto no léxico como no propósito dos poetas. Os poetas populares do campo e do subúrbio fazem versos sobre temas gerais: os sofrimentos do amor e da ausência, a dor do amor, e o fazem num léxico também muito geral; por outro lado, os poetas gauchescos cultivam uma linguagem deliberadamente popular, que os poetas populares não praticam. Não quero dizer que o idioma dos poetas populares seja um espanhol correto; quero dizer que, se há incorreções, são obra da ignorância. Em compensação, há nos poetas gauchescos uma procura por palavras nativas, uma profusão de cor local. A prova é esta: um colombiano, um mexicano ou um espanhol podem compreender imediatamente os poemas dos cantadores, dos *gauchos*, mas precisam de um glossário para compreender, ainda que aproximadamente, Estanislao del Campo ou Ascasubi.

Tudo isso pode ser resumido assim: a poesia gauchesca, que produziu — apresso-me a repeti-lo — obras admiráveis, é um gênero literário tão artificial quanto qualquer outro. Nas primeiras composições gauchescas, nas trovas de Bartolomé Hidalgo, já há um propósito de apresentá-las em função do *gaucho*, como se fossem ditas por *gauchos*, para que o leitor as leia com entonação gauchesca. Nada mais distante da poesia popular. O povo — e observei isto não só nos cantadores do campo, mas também nos dos subúrbios de Buenos Aires —, quando versifica, tem a convicção de executar algo importante, evita instintivamente as vozes populares e busca termos e expressões altissonantes. É provável que agora a poesia gauchesca tenha influído nos cantadores *gauchos* e que estes também utilizem profusamente os crioulismos, mas no princípio isso não ocorreu, e temos prova disso (que ninguém assinalou) no *Martín Fierro*.

O *Martín Fierro* está escrito num espanhol de entonação gauchesca e não nos deixa esquecer durante muito tempo que é um *gaucho* que está cantando; é pródigo em comparações tomadas da vida pastoril; no entanto, há uma famosa passagem em que o autor deixa de lado essa preocupação com a cor local e escreve num espanhol geral, e não fala de temas vernáculos, mas de grandes temas abstratos, do tempo, do espaço, do mar, da noite. Refiro-me ao desafio entre Martín Fierro e o Moreno, que ocupa o fim da segunda parte. É como se o próprio Hernández tivesse desejado indicar a diferença entre sua poesia gauchesca e a genuína poesia dos *gauchos*. Quando esses dois *gauchos*, Fierro e o Moreno, põem-se a cantar, esquecem toda afetação gauchesca e abordam temas filosóficos. Pude comprovar o mesmo ouvindo cantadores dos subúrbios; estes evitam fazer versos com sotaque elegante de arrabalde ou em lunfardo e tentam se expressar corretamente. Fracassam, naturalmente, mas seu propósito é fazer da poesia algo elevado; algo distinto, poderíamos dizer com um sorriso.

A idéia de que a poesia argentina deve ser rica em traços diferenciais argentinos e em cor local argentina me parece um equívoco. Se nos perguntam que livro é mais argentino, o *Martín Fierro* ou os sonetos de *La urna* de Enrique Banchs, não há nenhuma razão para dizer que o primeiro é mais argentino. Talvez digam que em *La urna* de Banchs faltam a paisagem argentina, a topografia argentina, a botânica argentina, a zoologia argentina; no entanto, há outras condições argentinas em *La urna*. Lembro-me agora de uns versos de *La urna* que parecem escritos para que não se possa dizer que é um livro argentino; são os que dizem: "... O sol nos telhados/ e nas janelas brilha. Rouxinóis/ querem dizer que estão apaixonados".

Aqui parece inevitável condenar: "o sol nos telhados e nas janelas brilha". Enrique Banchs escreveu esses versos num subúrbio de Buenos Aires, e nos subúrbios de Buenos Aires não há telhados, mas terraços; "rouxinóis querem dizer que estão apaixonados"; o rouxinol é menos um pássaro da realidade que da literatura, da tradição grega e germânica. No entanto, eu diria que no uso dessas imagens convencionais, nesses telhados e nesses rouxinóis anômalos, não estarão, naturalmente, a arquitetura nem a ornitologia argentinas, mas estão o pudor argentino, a reticência argentina; a circunstância de que Banchs, ao falar dessa grande dor que o afligia, ao falar dessa mulher que o deixara e deixara o mundo vazio para ele, recorra a imagens estrangeiras e convencionais, como os telhados e os rouxinóis, é significativa: significativa do pudor, da desconfiança, das reticências argentinas; da dificuldade que temos para as confidências, para a intimidade.

Além do mais, não sei se é preciso dizer que a idéia de que uma literatura deva se definir pelos traços diferenciais do país que a produz é relativamente nova; também é nova e arbitrária a idéia de que os escritores devam buscar temas de seus países. Sem ir além, creio que Racine nem sequer teria entendido uma pessoa que lhe houvesse negado o direito ao título de poeta francês por ter buscado temas gregos e latinos. Creio que Shakespeare se teria assombrado se tivessem pretendido limitá-lo a temas ingleses, e se lhe tivessem dito que, como inglês, não tinha o direito de escrever *Hamlet*, de tema escandinavo, ou *Macbeth*, de tema escocês. O culto argentino da cor local é um recente culto europeu que os nacionalistas deveriam rejeitar por ser estrangeiro.

Encontrei dias atrás uma curiosa confirmação de que o verdadeiramente nativo costuma e pode prescindir da cor local; encontrei essa confirmação no *Declínio e queda do Império Romano*, de Gibbon. Gibbon observa que no Alcorão, livro árabe por excelência, não há camelos; creio que se houvesse alguma dúvida sobre a autenticidade do Alcorão, bastaria essa ausência de camelos para provar que ele é árabe. Foi escrito por Maomé, e Maomé, como árabe, não tinha por que saber que os camelos eram especialmente árabes; para ele eram parte da realidade, não tinha por que distingui-los; em compensação, a primeira coisa que um falsário, um turista, um nacionalista árabe teriam feito seria povoar de camelos, de caravanas de camelos, cada página; mas Maomé, como árabe, estava tranqüilo: sabia que podia ser árabe sem camelos. Creio que nós, argentinos, podemos nos parecer a Maomé, podemos acreditar na possibilidade de ser argentinos sem profusão de cor local.

Permitam-me aqui uma confidência, uma mínima confidência. Durante muitos anos, em livros agora felizmente esquecidos, tentei descrever o sabor, a essência dos bairros extremos de Buenos Aires; naturalmente utilizei muitas palavras locais, não prescindi de palavras como *cuchilleros, milonga, tapia* e outras, e assim escrevi aqueles esquecíveis e esquecidos livros; depois, há quase um ano, escrevi uma história que se chama "A morte e a bússola", que é uma espécie de pesadelo, um pesadelo em que figuram elementos de Buenos Aires deformados pelo horror do pesadelo; penso ali no Paseo Colón e o chamo rue de Toulon, penso nas chácaras de Adrogué e as chamo Triste-le-Roy; publicada essa história, meus amigos me disseram que finalmente tinham encontrado no que eu escrevia o sabor dos arredores de Buenos Aires. Precisamente porque eu não me propusera a encontrar esse sabor, porque me abandonara ao sonho, pude conseguir, ao fim de tantos anos, o que antes busquei em vão.

Agora quero falar de uma obra justamente ilustre que os nacionalistas costumam invocar. Refiro-me a *Don Segundo Sombra*, de Güiraldes. Os nacionalistas nos dizem que *Don Segundo Sombra* é um exemplo de livro nacional; mas se comparamos *Don Segundo Sombra* com as obras da tradição gauchesca, a primeira coisa que notamos são as diferenças. *Don Segundo Sombra* é pródigo em metáforas de uma espécie que nada tem a ver com a fala do campo, e sim com as metáforas dos cenáculos contemporâneos de Montmartre. Quanto à fábula, à história, é fácil comprovar nela a influência do *Kim*, de Kipling, cuja ação se situa na Índia e que foi escrito, por sua vez, sob a influência do *Huckleberry Finn* de Mark Twain, epopéia do Mississippi. Ao fazer essa observação não quero diminuir o valor de *Don Segundo Sombra*; ao contrário, quero ressaltar que para que tivéssemos esse livro foi necessário que Güiraldes recordasse a técnica poética dos cenáculos franceses de seu tempo, e a obra de Kipling que lera há muitos anos; ou seja, Kipling, e Mark Twain, e as metáforas dos poetas franceses foram necessários para esse livro argentino, para esse livro que não é menos argentino, repito, pelo fato de ter aceitado essas influências.

Quero apontar outra contradição: os nacionalistas fingem venerar as capacidades da mente argentina, mas querem limitar o exercício poético dessa mente a alguns pobres temas locais, como se nós, argentinos, só pudéssemos falar de arrabaldes e estâncias, e não do universo.

Passemos a outra solução. Dizem que há uma tradição na qual nós, escritores argentinos, devemos nos refugiar, e que essa tradição é a literatura espanhola. Este segundo conselho é, naturalmente, um pouco menos estreito que o primeiro, mas também tende a nos fechar; muitas objeções lhe poderiam ser feitas, mas duas são suficientes. A primeira é esta: a história argentina pode ser definida sem equívoco como um querer afastar-se da Espanha, como um voluntário distanciamento da Espanha. A segunda objeção é esta: entre nós o prazer da literatura espanhola, um prazer que eu pessoalmente compartilho, costuma ser um gosto adquirido; muitas vezes emprestei a pessoas sem formação literária especial obras francesas e inglesas, e esses livros agradaram imediatamente, sem esforço. Em compensação, quando propus a meus amigos a leitura de livros espanhóis, comprovei que esses livros lhes eram dificilmente desfrutáveis sem aprendizagem especial; por isso creio que o fato de que alguns ilustres escritores argentinos escrevam como espanhóis é menos o testemunho de uma capacidade herdada que uma prova da versatilidade argentina.

Chego a uma terceira opinião que li recentemente sobre os escritores argentinos e a tradição, e que me surpreendeu muito. Diz que nós, argentinos, estamos desvinculados do passado; que houve uma espécie de solução de continuidade entre nós e a Europa. Segundo esse singular parecer, nós, argentinos, estamos como que nos primeiros dias da criação; o fato de buscar temas e procedimentos europeus é uma ilusão, um erro; devemos compreender que estamos essencialmente sozinhos, e não podemos brincar de ser europeus. Essa opinião me parece infundada. Compreendo que muitos a aceitem, porque essa declaração de nossa solidão, de nossa perdição, de nosso caráter primitivo tem, como o existencialismo, os encantos do patético. Muitas pessoas podem aceitar essa opinião, porque uma vez aceita vão se sentir sozinhas, desconsoladas e, de algum modo, interessantes. No entanto, observei que em nosso país, precisamente por ser um país novo, há um grande sentido do tempo. Todas as coisas que aconteceram na Europa, os dramáticos acontecimentos dos últimos anos na Europa, ecoaram profundamente entre nós. O fato de que uma pessoa fosse partidária dos franquistas ou dos republicanos durante a Guerra Civil espanhola, ou fosse partidária dos nazistas ou dos aliados, determinou em muitos casos lutas e distanciamentos muito graves. Isso não aconteceria se estivéssemos desvinculados da Europa. No que se refere à história argentina, creio que todos nós a sentimos profundamente; e é natural que a sintamos, porque ela está, pela cronologia e pelo sangue, muito próxima de nós; os nomes, as batalhas das guerras civis, a guerra da Independência, tudo está, no tempo e na tradição familiar, muito próximo de nós.

Qual é a tradição argentina? Creio que podemos responder facilmente e que não há problema nessa pergunta. Creio que nossa tradição é toda a cultura ocidental, e creio também que temos direito a essa tradição, mais direito que o que podem ter os habitantes de qualquer outra nação ocidental. Lembro aqui um ensaio de Thorstein Veblen, sociólogo norte-americano, sobre a primazia dos judeus na cultura ocidental. Ele se pergunta se essa primazia permite supor uma superioridade inata dos judeus, e responde que não; diz que eles sobressaem na cultura ocidental porque agem dentro dessa cultura e ao mesmo tempo não se sentem ligados a ela por uma devoção especial; "por isso" — diz —"sempre será mais fácil para um judeu do que para um ocidental não judeu inovar na cultura ocidental"; e podemos dizer o mesmo dos irlandeses na cultura da Inglaterra. Tratando-se dos irlandeses, não temos por que supor que a profusão de nomes irlandeses na literatura e na filosofia britânicas se deva a uma primazia racial, porque muitos desses irlandeses ilustres (Shaw, Berkeley, Swift) foram descendentes de ingleses, foram pessoas que não tinham sangue celta; no entanto, bastou-lhes o fato de se sentirem irlandeses, diferentes, para inovar na cultura inglesa. Creio que nós argentinos, e os sul-americanos em geral, estamos numa situação análoga; podemos lançar mão de todos os temas europeus, utilizá-los sem superstições, com uma irreverência que pode ter, e já tem, conseqüências afortunadas.

Isso não quer dizer que todos os experimentos argentinos sejam igualmente felizes; creio que esse problema da tradição e do argentino é simplesmente uma forma contemporânea e fugaz do eterno problema do determinismo. Se vou tocar a mesa com uma de minhas mãos, e me pergunto: toco-a com a mão esquerda ou com a mão direita?; e depois a toco com a mão direita, os deterministas dirão que eu não podia agir de outro modo e que toda a história anterior do universo me obrigava a tocá-la com a mão direita, e que tocá-la com a mão esquerda teria sido um milagre. No entanto, se a tivesse tocado com a mão esquerda teriam dito a mesma coisa: que eu fora obrigado a tocá-la com essa mão. O mesmo acontece com os temas e procedimentos literários. Tudo o que nós, escritores argentinos, fizermos com felicidade pertencerá à tradição argentina, do mesmo modo que tratar de temas italianos pertence à tradição da Inglaterra por obra de Chaucer e de Shakespeare.

Creio, além do mais, que todas essas discussões prévias sobre propósitos de elaboração literária baseiam-se no erro de supor que as intenções e os projetos têm muita importância. Vejamos o caso de Kipling: Kipling dedicou sua vida a escrever em função de determinados ideais políticos, quis fazer de sua obra um instrumento de propaganda e, no entanto, no final de sua vida teve que confessar que a verdadeira essência da obra de um escritor costuma ser ignorada por este; e lembrou o caso de Swift, que ao escrever *As viagens de Gulliver* quis levantar um testemunho contra a humanidade e deixou, no entanto, um livro para crianças. Platão disse que os poetas são amanuenses de um deus, que os anima contra sua vontade, contra seus propósitos, como o ímã anima uma série de anéis de ferro.

Por isso repito que não devemos temer e que devemos pensar que nosso patrimônio é o universo; experimentar todos os temas, e não nos limitar ao argentino para sermos argentinos: pois ou ser argentino é uma fatalidade, e nesse caso o seremos de qualquer modo, ou ser argentino é mera afetação, uma máscara.

Creio que, se nos abandonarmos a esse sonho voluntário que se chama criação artística, seremos argentinos e seremos, também, bons ou toleráveis escritores.

# notas

H. G. WELLS E AS PARÁBOLAS:
*The Croquet Player. Star Begotten*

Este ano, Wells publicou dois livros. O primeiro — *The Croquet Player* — descreve uma região pestilenta de confusos pântanos na qual começam a ocorrer coisas abomináveis; no fim compreendemos que essa região é todo o planeta. O outro — *Star Begotten* — apresenta uma amistosa conspiração dos habitantes de Marte para regenerar a humanidade por meio de emissões de raios cósmicos. O primeiro quer mostrar que nossa cultura está ameaçada por um renascimento monstruoso da estupidez e da crueldade; nossa cultura pode ser renovada por uma geração um pouco diferente, murmura o outro. Os dois livros são duas parábolas, os dois livros colocam o velho debate das alegorias e dos símbolos.

Todos nós tendemos a acreditar que a interpretação esgota os símbolos. Nada mais falso. Busco um exemplo básico: o de uma adivinhação. Ninguém ignora que Édipo foi interrogado pela Esfinge tebana: "Qual é o animal que tem quatro pés ao amanhecer, dois ao meio-dia e três à tarde?'". Ninguém ignora, tampouco, que Édipo respondeu que era o homem. Quem de nós não percebe imediatamente que o despojado conceito de *homem* é inferior ao mágico animal que a pergunta deixa entrever, e à comparação do homem comum a esse monstro variável, e de setenta anos a um dia, e da bengala dos anciãos a um terceiro pé? Essa natureza plural é própria de todos os símbolos. As alegorias, por exemplo, propõem ao leitor uma dupla ou tripla intuição, não umas figuras que podem ser permutadas por nomes substantivos abstratos. "Os caracteres alegóricos", adverte acertadamente De Quincey (*Writings*, undécimo tomo, p. 199), "ocupam um lugar intermediário entre as realidades absolutas da vida humana e as puras abstrações do entendimento lógico." A faminta e magra loba do primeiro canto da *Divina comédia* não é um emblema ou letra da avareza: é uma loba e é também a avareza, como nos sonhos. Não desconfiemos demais dessa duplicidade; para os místicos o mundo concreto não passa de um sistema de símbolos...

Atrevo-me a inferir do que foi dito que é absurdo reduzir uma história a sua moralidade, uma parábola a mera intenção, uma "forma" a seu "fundo". (Schopenhauer já observara que raramente o público percebe a forma, e sempre o fundo.) Em *The Croquet Player* há uma forma que podemos condenar ou aprovar, mas não negar; já o conto *Star Begotten* é totalmente amorfo. Uma série de discussões inúteis esgota o volume. O argumento — a inexorável variação do gênero humano por obra dos raios cósmicos — não se realizou; os protagonistas apenas discutem sua possibilidade. O efeito é muito pouco estimulante. Que pena que Wells não tenha tido a idéia desse livro!, pensa com nostalgia o leitor. Seu desejo é razoável: o Wells que o argumento exigia não era o conversador enérgico e vago do *World of William Clissold* e das imprudentes enciclopédias. Era o outro, o antigo narrador de milagres atrozes: o da história do viajante que traz do futuro uma flor murcha, o da história dos homens bestiais que de noite rezam, roufenhos, um credo servil, o da história do traidor que fugiu da lua.

EDWARD KASNER AND JAMES NEWMAN:
*Mathematics and the Imagination*
(Simon and Schuster)

Observando a biblioteca, vejo admirado que as obras que mais reli e sobrecarreguei de notas manuscritas são o *Diccionario de la filosofía*, de Mauthner, a *Historia biográfica de la filosofía*, de Lewes, a *Historia de la guerra de 1914-1918*, de Liddell Hart, a *Vida de Samuel Johnson*, de Boswell, e a psicologia de Gustav Spiller: *The Mind of Man*, 1902. A esse heterogêneo catálogo (que não exclui obras que talvez sejam meros hábitos, como a de G. H. Lewes), prevejo que os anos acrescentarão este livro ameníssimo.

Suas quatrocentas páginas registram com clareza os imediatos e acessíveis encantos das matemáticas, que até um mero homem de letras pode entender, ou imaginar que entende: o incessante mapa de Brouwer, a quarta dimensão que More entreviu e que Howard Hinton declara intuir, a levemente obscena fita de Moebius, os rudimentos da teoria dos números transfinitos, os oito paradoxos de Zenão, as linhas paralelas de Desargues, que se cortam no infinito, a notação binária que Leibniz descobriu nos diagramas do *I Ching*, a bela demonstração euclidiana da infinitude estelar dos números primos, o problema da torre de Hanoi, o silogismo dilemático ou bicornuto. Deste último, com o qual os gregos brincaram (Demócrito jura que os abderitas são mentirosos; mas Demócrito é abderita; logo, Demócrito mente; logo, não é verdade que os abderitas são mentirosos; logo, Demócrito não mente; logo, é verdade que os abderitas são mentirosos; logo, Demócrito mente; logo...), há versões quase inumeráveis que não variam de método, mas de protagonistas e de fábula. Aulo Gélio (*Noites áticas*, livro quinto, capítulo x) recorre a um orador e a seu aluno; Luis Barahona de Soto (*Angélica*, undécimo canto), a dois escravos; Miguel de Cervantes (*Quixote*, segunda parte, capítulo LI), a um rio, a uma ponte e a uma forca; Jeremy Taylor, em alguns de seus sermões, a um homem que sonhou com uma voz que lhe revela que todos os sonhos são inúteis; Bertrand Russell (*Introduction to Mathematical Philosophy*, p. 136), ao conjunto de todos os conjuntos que não se incluem a si mesmos.

A essas perplexidades ilustres, atrevo-me a acrescentar esta:

Em Sumatra, alguém quer doutorar-se em adivinhação. O bruxo examinador lhe pergunta se será reprovado ou se passará. O candidato responde que será reprovado... Podemos imaginar a infinita continuação.

GERALD HEARD:
*Pain, Sex and Time*
(Cassell)

No início de 1896, Bernard Shaw percebeu que em Friedrich Nietzsche havia um acadêmico inepto, coibido pelo culto supersticioso do Renascimento e dos clássicos (*Our Theatres in the Nineties*, tomo segundo, p. 94). O inegável é que Nietzsche, para comunicar ao século de Darwin sua hipótese evolucionista do Super-Homem, o fez num livro carcomido, que é uma desairosa paródia de todos os *Sacred Books of the East*. Não arriscou uma única palavra sobre a anatomia ou a psicologia da futura espécie biológica; limitou-se a sua moralidade, que identificou (temeroso do presente e do futuro) com a de César Bórgia e a dos *vikings*.[1]

Heard corrige, a seu modo, as negligências e omissões de Zaratustra. Linearmente, o estilo de que dispõe é bem infe-

---

1 Certa vez (*História da eternidade*) procurei enumerar ou recopilar todos os testemunhos da doutrina do Eterno Retorno anteriores a Nietzsche. Esse propósito inútil excede a brevidade de minha erudição e a da vida humana. Aos testemunhos já registrados, acrescento apenas, por ora, o do padre Feijoo (*Teatro crítico universal*, tomo quarto, discurso doze). Este, como sir Thomas Browne, atribui a doutrina a Platão. Formula-a do seguinte modo: "Um dos delírios de Platão foi que, uma vez completado o ciclo do *ano magno* (como ele chamava aquele espaço de tempo em que todos os astros, depois de inumeráveis giros, vão retornar à mesma posição e ordem que antes tiveram entre si), todas as coisas se renovarão, isto é, voltarão a aparecer sobre o teatro do mundo os mesmos atores para representar os mesmos sucessos, adquirindo uma nova existência homens, bestas, plantas, pedras, enfim, tudo o que já foi animado e inanimado nos séculos anteriores, para se repetirem neles os mesmos exercícios, os mesmos acontecimentos, os mesmos jogos da fortuna que tiveram em sua primeira existência". São palavras de

rior; para uma leitura corrida, é mais tolerável. Não acredita numa super-humanidade, mas anuncia uma vasta evolução das faculdades humanas. Essa evolução mental não requer séculos; há nos homens uma incansável reserva de energia nervosa que lhes permite ser incessantemente sexuais, à diferença das outras espécies, cuja sexualidade é periódica. "A história", escreve Heard, "é parte da história natural. A história humana é biologia, acelerada psicologicamente." A possibilidade de uma evolução ulterior de nossa consciência do tempo talvez seja o tema básico deste livro. Heard opina que os animais carecem totalmente dessa consciência e que sua vida descontínua e orgânica é pura atualidade. Essa conjectura é antiga; Sêneca já a expusera na última das epístolas a Lucílio: "*Animalibus tantum, quod brevissimum est in transcursu, datum, proesens...*". Também é freqüente na literatura teosófica. Rudolf Steiner compara o estado inerte dos minerais ao dos cadáveres; a vida silenciosa das plantas à dos homens que dormem; as atenções momentâneas do animal às do negligente sonhador que sonha incoerências. No terceiro volume de seu admirável *Woerterbuch der Philosophie*,

---

1730; o volume LVI da Biblioteca de Autores Españoles as repete. Deixam evidente a justificativa *astrológica* do Retorno.

No *Timeu*, Platão afirma que os sete planetas, equilibradas suas diversas velocidades, voltarão ao ponto de partida inicial, mas não deduz desse vasto circuito uma repetição pontual da história. No entanto, Lucilio Vanini declara: "Aquiles irá novamente a Tróia; renascerão as cerimônias e religiões; a história humana se repete; não existe nada agora que não tenha sido; o que foi será; mas tudo isso em geral, não (como determina Platão) em particular". Ele escreveu isso em 1616; Burton o cita na quarta seção da terceira parte do livro *The Anatomy of Melancholy*. Francis Bacon (*Essay*, LVIII, 1625) admite que, completado o ano platônico, os astros causarão os mesmos efeitos genéricos, mas nega sua virtude para repetir os mesmos indivíduos.

164

Fritz Mauthner observa: "Parece que os animais não têm senão obscuros pressentimentos da sucessão temporal e da duração". Já o homem, quando além do mais é um psicólogo da nova escola, pode diferenciar no tempo duas imprecisões que só estejam separadas por 1/500 de segundo". Num livro póstumo de Guyau — *La Genèse de l'Idée de Temps*, 1890 — há duas ou três passagens análogas. Ouspenski (*Tertium organum*, capítulo IX) enfrenta, não sem eloqüência, o problema; afirma que o mundo dos animais é bidimensional e que eles são incapazes de conceber uma esfera ou um cubo. Para eles todo ângulo é uma moção, um acontecimento no tempo... Como Edward Carpenter, como Leadbeater, como Dunne, Ouspenski profetiza que nossas mentes prescindirão do tempo linear, sucessivo, e que intuirão o universo de modo angelical: *sub specie aeternitatis*.

Heard chega à mesma conclusão, numa linguagem às vezes contaminada de *patois* psiquiátrico e sociológico. Chega, ou acredito que chega. No primeiro capítulo de seu livro afirma a existência de um tempo imóvel que nós homens atravessamos. Ignoro se esse memorável juízo é mera negação metafórica do tempo cósmico, uniforme, de Newton, ou se afirma literalmente a coexistência do passado, do presente e do futuro. No último caso (diria Dunne), o tempo imóvel degenera em espaço e nosso movimento de translação exige *outro* tempo...

Que de algum modo a percepção do tempo evolua não me parece inverossímil, e talvez seja inevitável. Que essa evolução possa ser muito brusca me parece uma gratuidade do autor, um estímulo artificial.

GILBERT WATERHOUSE:
*A Short History of German Literature*
(Londres , Methuen, 1943)

Eqüidistantes do marquês de Laplace (que declarou a possibilidade de cifrar numa única fórmula todos os fatos que serão, que são e que foram) e do inversamente paradoxal doutor Rojas (cuja história da literatura argentina é mais extensa que a literatura argentina), o senhor Gilbert Waterhouse redigiu em cento e quarenta páginas uma história nem sempre inadequada da literatura alemã. O exame desse manual não incita à injúria nem ao ditirambo; seu defeito mais evidente, e talvez inevitável, é o que De Quincey reprova nos juízos críticos alemães: a omissão de exemplos ilustrativos. Tampouco é generoso conceder exatamente uma *linha* ao múltiplo Novalis e abusar dessa linha para situá-lo num catálogo subalterno de romancistas cujo modelo foi o *Wilhelm Meister*. (Novalis condenou o *Wilhelm Meister*; são célebres as palavras de Novalis sobre Goethe: "É um poeta prático. É nas obras o que são na mercadoria os ingleses: pulcro, simples, cômodo, resistente".) A tradicional exclusão de Schopenhauer e de Fritz Mauthner me indigna, mas já não me surpreende: o horror da palavra *filosofia* impede que os críticos reconheçam, no *Woerterbuch* de um e nos *Parerga und Paralipomena* do outro, os mais inesgotáveis e agradáveis livros de ensaios da literatura alemã.

Os alemães parecem incapazes de agir sem algum aprendizado alucinatório: podem travar felizes batalhas ou redigir lânguidos e infinitos romances, mas só com a condição de se acreditarem "arianos puros", ou *vikings* maltratados pelos judeus, ou atores da *Germania* de Tácito. (Sobre esta singular esperança retrospectiva Friedrich Nietzsche opinou: "Todos os germanos autênticos emigraram; a Alemanha de hoje é um posto avançado dos eslavos e prepara o caminho para a russificação da Europa". Uma resposta análoga merecem os espanhóis, que se proclamam netos dos conquistadores da América: os netos somos nós, os sul-americanos; eles são sobrinhos...) Notoriamente, os deuses negaram aos alemães a beleza espontânea. Essa privação define o trágico do culto shakespeariano alemão, que de algum modo se parece a um amor infeliz. O alemão (Lessing, Herder, Goethe, Novalis, Schiller, Schopenhauer, Nietzsche, Stefan George...) sente com misteriosa intimidade o mundo de Shakespeare, ao mesmo tempo que se sabe incapaz de criar com esse ímpeto e com essa inocência, com essa delicada felicidade e com esse negligente esplendor. *Unser Shakespeare* — "nosso Shakespeare", dizem, ou disseram, os alemães, mas sabem-se destinados a uma arte de natureza diferente: arte de símbolos premeditados ou de teses polêmicas. Não se pode percorrer um livro como o de Gundolf — *Shakespeare und der deutsche Geist* — ou como o de Pascal — *William Shakespeare in Germany* — sem notar essa nostalgia ou discórdia da inteligência alemã, essa tragédia secular cujo ator não é um homem, mas muitas gerações humanas.

Os homens de outras terras podem ser distraidamente atrozes, eventualmente heróicos; os alemães precisam de seminários de abnegação, éticas da infâmia.

Das histórias breves da literatura alemã, a melhor, que eu saiba, é a de Karl Heinemann, publicada por

Kroener; a mais evitável e penosa, a do doutor Max Koch, invalidada por superstições patrióticas e temerariamente imposta ao idioma espanhol por uma editora catalã.

LESLIE D. WEATHERHEAD:
*After Death*
(Londres, The Epworth Press, 1942)

Compilei certa vez uma antologia da literatura fantástica. Admito que essa obra é uma das pouquíssimas que um segundo Noé deveria salvar de um segundo dilúvio, mas confesso a condenável omissão dos insuspeitos e maiores mestres do gênero: Parmênides, Platão, João Escoto Erígena, Alberto Magno, Spinoza, Leibniz, Kant, Francis Bradley. De fato, o que são os prodígios de Wells ou de Edgar Allan Poe — uma flor que nos chega do futuro, um morto submetido à hipnose — confrontados com a invenção de Deus, com a teoria laboriosa de um ser que de algum modo é três e que solitariamente perdura *fora do tempo*? O que é a pedra bezoar diante da harmonia preestabelecida, quem é o unicórnio diante da Trindade, quem é Lúcio Apuleio diante dos multiplicadores de Budas do Grande Veículo, o que são todas as noites de Scherazade perto de um argumento de Berkeley? Venerei a gradual invenção de Deus; também o inferno e o céu (uma recompensa imortal, um castigo imortal) são admiráveis e curiosos desígnios da imaginação dos homens.

Os teólogos definem o céu como um lugar de sempiterna glória e ventura, e advertem que esse lugar não é o dedicado a tormentos infernais. O quarto capítulo deste livro muito razoavelmente nega essa divisão. Argumenta que o inferno e o céu não são localidades topográficas, mas estados extremos da alma. Concorda plenamente com André Gide (*Journal*, p. 677), que fala de um inferno imanente, já declarado pelo verso de Milton: "*Which way I fly is Hell; myself am Hell*"; parcialmente com Swedenborg, cujas irremediáveis almas perdidas preferem as cavernas e os pântanos ao esplendor insuportável do céu. Weatherhead propõe a tese de um único heterogêneo ultramundo, alternativamente infernal e paradisíaco, segundo a capacidade das almas. Para quase todos os homens, os conceitos de céu e de felicidade são inseparáveis. Na década final do século XIX, Butler projetou, no entanto, um céu no qual todas as coisas se frustrassem ligeiramente (pois ninguém pode tolerar uma felicidade total) e um inferno correlativo, no qual faltasse todo estímulo desagradável, salvo os que proíbem o sonho. Bernard Shaw, por volta de 1902, instalou no inferno as ilusões da erótica, da abnegação, da glória e do puro amor imorredouro; no céu, a compreensão da realidade (*Man and Superman*, terceiro ato). Weatherhead é um medíocre e quase inexistente escritor, estimulado por leituras piedosas, mas intui que a direta perseguição de uma pura e perpétua felicidade não será menos irrisória do outro lado da morte do que deste. Escreve: "A concepção mais alta das experiências gozosas que denominamos céu é a de servir: é a de uma plena e livre participação na obra de Cristo. Isto poderá ocorrer entre outros espíritos, talvez em outros mundos; talvez possamos ajudar a salvar o nosso". Noutro capítulo, afirma: "A dor do céu é intensa. Pois quanto mais evoluirmos neste mundo, mais poderemos compartilhar no outro a vida de Deus. E a vida de Deus é dolorosa. Em seu coração estão os pecados, as penas, todo o sofrimento do mundo. Enquanto houver um único pecador no universo, não haverá felicidade no céu". (Orígenes, que afirmava uma reconciliação final do Criador com todas as criaturas, inclusive o diabo, já sonhou esse sonho.) Não sei o que o leitor vai pensar de tais conjeturas semiteosóficas. Os católicos (leia-se os católicos argentinos) acreditam num mundo ultraterreno, mas notei que não se interessam por ele. Comigo ocorre o contrário; me interessa e não acredito.

M. DAVIDSON:
*The Free Will Controversy*
(Londres, Watts, 1943)

Este volume pretende ser uma história da vasta polêmica secular entre deterministas e partidários do arbítrio. Não o é, ou o é imperfeitamente, em razão do método errôneo adotado pelo autor. Este se limita a expor os diversos sistemas filosóficos e a definir a doutrina de cada um no que concerne ao problema. O método é errôneo ou insuficiente, porque se trata de um problema especial cujas melhores discussões devem ser buscadas em textos especiais, não num parágrafo das obras canônicas. Que eu saiba, esses textos são o ensaio *The Dilemma of Determinism*, de James, o quinto livro da obra *De consolatione philosophiae*, de Boécio, e os tratados *De divinatione* e *De fato*, de Cícero.

A mais antiga forma de determinismo é a astrologia judiciária. Assim o entende Davidson, e lhe dedica os primeiros capítulos de seu livro. Declara os influxos dos planetas, mas não expõe com clareza suficiente a doutrina estóica dos presságios, segundo a qual, o universo formando um todo, cada uma de suas partes prefigura (ao menos de modo secreto) a história das outras. "Tudo o que ocorre é um signo de algo que ocorrerá", disse Sêneca (*Naturales Quaestiones*, II, 32). Cícero já havia explicado: "Não admitem os estóicos que os deuses intervenham em cada fissura do fígado ou em cada canto das aves, coisa indigna, dizem, da majestade divina e totalmente inadmissível; sustentam, ao contrário, que de tal maneira está ordenado o mundo desde o princípio, que a determinados acontecimentos precedem determinados sinais fornecidos pelas entranhas das aves, pelos raios, pelos prodígios, pelos astros, pelos sonhos e pelos furores proféticos... Como tudo acontece por obra do destino, se existisse um mortal cujo espírito pudesse abarcar o encadeamento geral das causas, ele seria infalível; pois quem conhece as causas de todos os acontecimentos futuros prevê necessariamente o futuro". Quase dois mil anos depois, o marquês de Laplace jogou com a possibilidade de cifrar numa única fórmula matemática todos os fatos que compõem um instante do mundo, para depois extrair dessa fórmula todo o futuro e todo o passado.

Davidson omite Cícero; também omite o decapitado Boécio. A este os teólogos devem, no entanto, a mais elegante das reconciliações do arbítrio humano com a Providência Divina. Que arbítrio é o nosso, se Deus, antes de acender as estrelas, conhecia todos os nossos atos e nossos mais recônditos pensamentos? Boécio anota com perspicácia que nossa servidão deve-se à circunstância de que Deus saiba de *antemão* como vamos agir. Se o conhecimento divino fosse contemporâneo dos fatos e não anterior, não sentiríamos que nosso arbítrio fica anulado. Abate-nos a idéia de que nosso futuro já esteja, com minuciosa prioridade, na mente de Alguém. Esclarecido esse ponto, Boécio nos lembra que, para Deus, cujo puro elemento é a eternidade, não há antes nem depois, já que a diversidade dos lugares e a sucessão dos tempos é una e simultânea para Ele. Deus não prevê meu futuro; meu futuro é uma das partes do único tempo de Deus, que é o imutável presente. (Boécio, nesse argumento, dá à palavra *providência* o valor etimológico de *previsão*; aí está a falácia, pois a providência, como os dicionários já divulgaram, não se limita a prever os fatos; também os ordena.)

Mencionei James, misteriosamente ignorado por Davidson, que dedica um misterioso capítulo a discutir com Haeckel. Os deterministas negam que haja no cosmos um único fato possível, *id est*, um fato que poderia acontecer ou não acontecer; James conjectura que o universo tem um plano geral, mas que as minúcias da execução desse plano ficam a cargo dos atores.[2] Quais são as minúcias para Deus?, cabe perguntar. A dor física, os destinos individuais, a ética? É verossímil que assim seja.

SOBRE A DUBLAGEM

As possibilidades da arte de combinar não são infinitas, mas costumam ser espantosas. Os gregos engendraram a quimera, monstro com cabeça de leão, com cabeça de dragão, com cabeça de cabra; os teólogos do século II, a Trindade, na qual inextricavelmente se articulam o Pai, o Fi-

---

2 O princípio de Heisenberg — falo com temor e com ignorância — não parece hostil a essa conjetura.

lho e o Espírito; os zoólogos chineses, o *ti-yiang*, pássaro sobrenatural e vermelho dotado de seis patas e quatro asas, mas sem face nem olhos; os geômetras do século XIX o hipercubo, figura de quatro dimensões que encerra um número infinito de cubos e que está limitada por oito cubos e por vinte e quatro quadrados. Hollywood acaba de enriquecer esse inútil museu teratológico; por obra de um maligno artifício que se chama *dublagem*, propõe monstros que combinam as ilustres feições de Greta Garbo com a voz de Aldonza Lorenzo. Como não tornar pública nossa admiração diante desse prodígio penoso, diante dessas industriosas anomalias fonético-visuais?

Os que defendem a dublagem argumentarão (talvez) que as objeções que lhe podem ser opostas podem também se opor a qualquer outro exemplo de tradução. Esse argumento desconhece, ou elude, o defeito central: o arbitrário enxerto de outra voz e de outra linguagem. A voz de Hepburn ou de Garbo não é contingente; é, para o mundo, um dos atributos que as definem. Também cabe lembrar que a mímica do inglês não é a do espanhol.[3]

Ouço dizer que nas províncias a dublagem agradou. Trata-se de um simples argumento de autoridade; enquanto não forem publicados os silogismos dos *connaisseurs* de Chilecito ou de Chivilcoy, eu, pelo menos, não me deixarei intimidar. Também ouço dizer que a dublagem é agradável, ou tolerável, para os que não sabem in-

---

3 Mais de um espectador se pergunta: Já que há usurpação de vozes, por que não usurpar também figuras? Quando será perfeito o sistema? Quando veremos diretamente Juana González no papel de Greta Garbo, no papel da rainha Cristina da Suécia?

glês. Meu conhecimento do inglês é menos perfeito que meu desconhecimento do russo; contudo, eu não me conformaria em rever *Alexander Nevsky* em outra língua que não fosse a primitiva, e o veria com fervor pela nona ou décima vez, se dessem a versão original, ou uma que eu acreditasse ser a original. Este último ponto é importante; pior que a dublagem, pior que a substituição que implica a dublagem, é a consciência geral de uma substituição, de uma farsa. Não há partidário da dublagem que não acabe por invocar a predestinação e o determinismo. Juram que esse expediente é fruto de uma evolução implacável e que logo poderemos escolher entre ver filmes dublados e não ver filmes. Considerando a decadência mundial do cinema (atenuada apenas por alguma exceção solitária, como *A máscara de Dimitrios*), a segunda dessas alternativas não é dolorosa. Bombas recentes — penso no *Diário de um nazista*, de Moscou, em *Pelo vale das sombras*, de Hollywood — nos levam a julgá-lo uma espécie de paraíso negativo. *"Sight-seeing is the art of disappointment"*, deixou anotado Stevenson; essa definição convém ao cinema e, com triste freqüência, ao contínuo exercício inadiável que se chama viver.

## O DR. JEKYLL E EDWARD HYDE, TRANSFORMADOS

Hollywood, pela terceira vez, difamou Robert Louis Stevenson. Essa difamação se intitula *O médico e o monstro*: foi perpetrada por Victor Fleming, que repete com nefasta fidelidade os erros estéticos e morais da versão (da perversão) de Mamoulian. Começo pelos últimos, os morais.

No romance de 1886, o doutor Jekyll é moralmente dual, como o são todos os homens, enquanto sua hipóstase — Edward Hyde — é perversa sem trégua e sem descanso; no filme de 1941, o doutor Jekyll é um jovem patologista que exerce a castidade, enquanto sua hipóstase — Hyde — é um doidivanas, com traços de sádico e de acrobata. O Bem, para os pensadores de Hollywood, é o noivado com a pudica e opulenta miss Lana Turner; o Mal (que tanto preocupou David Hume e os heresiarcas de Alexandria), a coabitação ilegal com Fröken Ingrid Bergman ou Miriam Hopkins. Inútil advertir que Stevenson é totalmente inocente dessa limitação ou deformação do problema. No capítulo final da obra, expõe os defeitos de Jekyll: a sensualidade e a hipocrisia; num dos *Ethical Studies* — ano de 1888 — procura enumerar todas as "manifestações do verdadeiramente diabólico" e propõe esta lista: "a inveja, a malignidade, a mentira, o silêncio mesquinho, a verdade caluniosa, o difamador, o pequeno tirano, o queixoso envenenador da vida doméstica". (Eu afirmaria que a ética não abarca os fatos sexuais, salvo se contaminados pela traição, pela cobiça ou pela vaidade.) A estrutura do filme é mais rudimentar ainda do que sua teologia. No livro, a identidade de Jekyll e de Hyde é uma surpresa: o autor a reserva para o final do nono capítulo. O relato alegórico finge ser um conto policial; não há leitor que adivinhe que Hyde e Jekyll são a mesma pessoa; o próprio título nos faz postular que são dois. Nada mais fácil do que transpor esse procedimento ao cinema. Imaginemos qualquer problema policial: dois atores que o público reconhece figuram na trama (George

Raft e Spencer Tracy, digamos); podem usar palavras análogas, podem mencionar fatos que pressupõem um passado comum; quando o problema é indecifrável, um deles absorve a droga mágica e se transforma no outro. (Naturalmente, a boa execução desse plano comportaria dois ou três reajustes fonéticos: a modificação dos nomes dos protagonistas.) Mais civilizado do que eu, Victor Fleming elude todo assombro e todo mistério: nas cenas iniciais do filme, Spencer Tracy apura sem medo a versátil poção e se transforma num Spencer Tracy com uma peruca diferente e traços negróides.

Distante da parábola dualista de Stevenson e próximo da *Assembléia dos pássaros* composta (no século XII de nossa era) por Farid ud-din Attar, podemos conceber um filme panteísta cujos numerosos personagens, no fim, se resolvem em Um, que é perdurável.

Esta obra foi composta em Walbaum
por warrakloureiro e impressa
em ofsete pela RR Donnelley sobre
papel Pólen Soft da Suzano Papel
e Celulose para a Editora Schwarcz
em abril de 2008